AF297068

NOTES
HISTORIQUES ET
GÉOGRAPHIQUES
SUR
L'ARMÉNIE

PAR

Le Colonel BRÉMOND

" Quand un peuple tombe esclave, tant qu'il tient bien sa langue, c'est comme s'il tenait la clef de sa prison."

A. DAUDET (La Dernière Classe).

1918.

IMP. EL-MAAREF — NÉGUIB MITRI — LE CAIRE

AUX MARTYRS DES BARBARES

NOTE SUR L'ARMÉNIE

Cette note a été rédigée d'après les ouvrages suivants :—

Elysée Reclus : *Géographie Universelle.*

Victor Langlois : *Collection des historiens anciens et modernes de l'Arménie.*

G. V. Chahnazarian : *Esquisse de l'histoire de l'Arménie.*

Kévork Aslan : *Etudes historiques sur le peuple arménien.*

Fr. Tournebize : *Histoire politique et religieuse de l'Arménie.*

Mme Jeanne Dieulafoy : *A Suse (1884-1886)*

Mikaél Varandian : *L'Arménie et la question Arménienne.*

Les ouvrages de Langlois et de Chahnazarian m'ont été aimablement prêtés par l'Union Générale Arménienne du Caire.   Les autres appartiennent à la Bibliothèque Française de Djeddah.

PRÉLIMINAIRES

Cette note sur l'Arménie s'est donné comme but de relier les connaissances historiques d'un Occidental avec l'histoire de l'Arménie. Elle débute par quelques notions géographiques succinctes, qui ont paru nécessaires.

Rédigée très rapidement, la note sur l'Arménie, vise surtout à éviter à autrui les tâtonnements du début que j'ai dû subir; elle donnera une première idée du pays, de cette race étonnante, sans cesse massacrée et déportée, et sans cesse renaissante et vivante, malgré son petit nombre, qui ne paraît pas avoir jamais dépassé quatre à cinq millions.

Les Arméniens sont de race européenne, leurs origines connues sont en Thrace, mais après avoir conquis le pays auquel ils ont donné leur nom, ils ont adopté les mœurs orientales des Parthes et des Mèdes; le mazdéisme, ou religion du feu, a été dominant chez eux à certaines périodes, au point que nous verrons un de leurs rois, Tigrane, marié à sa sœur Erato, ce qui atténuait d'ailleurs les guerres entre héritiers du trône; beaucoup des familles féodales qui les commandaient, (car l'Arménie n'est jamais sortie de la féodalité et c'est ce qui explique aussi son impuissance contre des voisins mieux organisés, Darius, les Romains, les Byzantins, les Arabes, les Egyptiens) étaient d'origine asiatique, comme les Mamiconiens, chefs héréditaires de l'armée, qui étaient probablement chinois.

L'Asie Mineure, qui fut une des origines de la civilisation actuelle, a un intérêt particulier pour les Français : les Celtes sont partis des bords de la Caspienne, les Gaulois y ont fondé la Galatie, les Croisés dont tant portaient les noms de villes et de pays français, ont parcouru ces régions pendant des siècles.

Enfin les suprêmes efforts des Arméniens pour conserver leur indépendance ont été dirigés par la dynastie française des Lusignan, dont le dernier roi, Léon VI, ayant perdu ses états en 1375, est venu mourir à Paris en 1393, hôte de Charles VI, à l'Hôtel des Célestins, en face de l'Hôtel Royal de Saint-Pol, dont le nom rappelle une des périodes les plus noires de notre histoire ; la dalle funéraire de Léon VI est à Saint-Denis, dans la crypte des tombeaux des rois de France.

Ce roi Léon VI a même eu, au début de la guerre de Cent ans, qu'il a cherché activement à empêcher, un mot de prophète : " Le salut des chrétiens d'Orient dépend de l'alliance de la France et de l'Angleterre." Aujourd'hui nous dirions le salut de la civilisation en Orient. Mais cette alliance qu'il n'a pu voir, est aujourd'hui réalisée ; il est à penser et à désirer qu'elle sera de longue durée, je dirai perpétuelle, autant que ce mot est humain. Et l'Europe se retourne vers cet Orient, d'où elle a reçu ses peuples et sa civilisation ; elle va le régénérer, le sortir de la barbarie où une domination sauvage et incapable l'a plongé et lui rendre son éclat et sa splendeur d'antan.

La domination turque a trouvé des défenseurs ; on a comparé les qualités aimables des bourreaux aux

mines inquiètes de leurs victimes ; et on a conclu
contre celles-ci. Je tiens à dire que, à mon avis, les
Turcs ont eu dans l'histoire du Monde la plus sinistre
influence ; c'est eux qui ont porté dans l'Islam, notamment dans la Méditerranée Occidentale, ces habitudes
sauvages des supplices (hommes écorchés vifs, attachés
aux canons, etc.) qui étaient inconnues des races
berbères de tendances tolérantes. Il y avait encore un
évêque à Fez, qu'on brûlait les musulmans et les juifs
à Séville et à Grenade. Mais le Turc survint et du
premier jour se montra maître en horreur, et virtuose
en hypocrisie.

Il y a, du reste, analogie dans le rôle historique des
Turcs et des Germains. De même que les Turcs,
appelés imprudemment par les khalifes, ont usurpé
leur pouvoir, de même les barbares germains, appelés
par les empereurs romains, ont détruit leur empire.

D'ailleurs l'effort mondial qui est fait à cette heure
indique le désir de l'Humanité. Il faut en finir avec
ces massacres, ces ventes de femmes et d'enfants.
Les Allemands ont réveillé la barbarie partout où ils
ont pu sur la terre ; on a revu ce qu'on ne croyait plus
possible, parceque les Boches et les Turcs avaient
hypocritement pris allure de civilisés ; il faut que cette
sauvagerie descende définitivement au sépulcre avec
l'atroce et immonde machine de guerre qu'ils avaient
créée pour son service.

Et il faut que les opprimés, les rescapés des fauves,
puissent reconstruire leurs chaumières, refaire leurs
patries et oublier, dans la paix, les heures horribles
que nous vivons.

NOTIONS SOMMAIRES GÉOGRAPHIQUES ARMÉNIENNES.

Il y a deux Arménies : l'Arménie Majeure, proprement dite, dont le centre est le Mont Ararat (5.156 mètres), et l'Arménie Mineure (région de la Cilicie).

L'Arménie Majeure est un pays de grandes montagnes, l'altitude varie normalement de 1.500 à 2.000 mètres.

Les températures y sont extrêmes :— 25° l'hiver et +45° l'été, sont les limites ; pendant six mois, le pays est couvert de neige ; ce sera le pays du *ski* par excellence.

Dès la fonte des neiges, l'été arrive sans printemps, subitement ; la végétation jaillit du sol, les moissons mûrissent en deux ou trois mois.

Le bloc arménien n'a pas de frontières délimitées : au contraire les hautes vallées de ses fleuves (les Euphrates, le Tigre, l'Araxe le fleuve arménien par excellence, le Kizil Irmak, etc.) ouvrent des communications entre la Mésopotamie et la Méditerranée. Pour aller de Syrie en Mésopotamie, il faut passer par l'Arménie, le désert ferme la route directe, comme les armées romaines en ont fait l'expérience à plusieurs reprises.

De plus, ce bloc arménien s'est trouvé placé entre les races d'Europe et celles d'Asie, de sorte que chacun s'est efforcé de s'en faire un bouclier ou une avant-garde. Ces considérations expliquent le sort de l'Arménie, d'autant plus qu'elle n'est jamais arrivée à

faire corps contre un ennemi; elle a toujours été divisée
et féodale. Il y a en effet dans ce pays des bassins
fermés (lac de Van par exemple), sans communication
faciles avec l'extérieur, où de petits groupements
maintenaient leur isolement, hostiles à tout pouvoir
fort et organisé.

L'Arménie est un pays minier ; d'après les traditions antiques, c'est dans cette région qu'a été
découvert l'art de travailler le fer et le bronze. Mais
il est évident qu'une exploitation moderne devra être
précédée de l'organisation des communications, très
longue et très coûteuse en pays de montagne ; nous en
avons fait l'expérience dans les Alpes. Il est vrai que
l'utilisation moderne de la houille blanche est venue
faciliter cette tâche.

Toutes ces montagnes paraissent d'origine volcanique ; on trouve encore fumerolles, geysers ; les
tremblements de terre sont violents et fréquents ;
beaucoup de cratères sont devenus des lacs, au régime
mystérieux et généralement entouré de légendes. On
n'a cependant pas souvenir d'une éruption volcanique
depuis l'apparition de l'homme.

L'Arménie est un pays d'une fertilité remarquable.
Au temps de Xénophon, qui l'a traversée lors de la
retraite des Dix-Mille, les montagnes de l'intérieur
étaient admirablement boisées ; aujourd'hui, les pas-
teurs ont accompli leur œuvre habituelle de destruction ; (leurs troupeaux étaient évalués à 40 millions
d'ovins en 1880) (Reclus). Il y a donc une œuvre de
reboisement considérable à entreprendre, d'autant
plus nécessaire qu'il s'agit de régulariser le cours du

Tigre et de l'Euphrate, d'où dépend la prospérité de la Mésopotamie, cette Egypte qui a de la largeur.

La région de Trébizonde a échappé à cette dévastation, et présente des forêts de cerisiers (c'est de là que Lucullus a rapporté le cérisier à Rome), de noisetiers, de châtaigniers, de poiriers, de citronniers et de chênes. La vigne est sans doute originaire de l'Arménie

Cette richesse de la végétation est attestée par le fait que la fête antique peut-être la plus aimée chez les Arméniens, était la fête des Roses, le Vardavar (porte-roses), qui se célébrait en l'honneur de la déesse nationale, ANAHID ou ANAITES, fête que le christianisme a conservée.

A l'Ouest de l'Arménie Majeure, au delà de l'Euphrate, les Arméniens ont colonisé les montagnes de la Cilicie et de la Cappadoce et les plaines qu'elles dominent. C'est là que les derniers restes de leur indépendance se sont conservés jusqu'en 1375. Ce pays a pris le nom d'Arménie Mineure. Il est le passage obligé pour aller du Bosphore en Mésopotamie ou en Syrie ; il faut traverser des passes étroites, de défense facile, connues dans l'histoire sous le nom de Portes ou de Pyles, et où les combats ont été innombrables depuis les origines de l'histoire.

La plaine qui borde au nord le golfe d'Alexandrette, avec la ville de Tarse, l'ancienne capitale d'Antoine et de Cléopâtre, qui fut parfois capitale de la Petite Arménie, est d'une fertilité extraordinaire : coton, canne à sucre, céréales, etc. . .

Mais elle est très malsaine, faute de travaux de canalisation de fleuves aux eaux chargées d'alluvions (montagnes déboisées), de dessèchement des marais.

A l'été, la population de Mersine et de Tarse doit aller
se réfugier sur les hauteurs; la plaine est mortelle.

Il n'y a naturellement, puisque nous sommes en
Turquie, ni ports, ni aucun outillage agricole ou industriel. La mise en état de cette région de plaine, la
création de communications, chemins de fer ou routes,
dans le Taurus et l'Amanus, exigeront des capitaux
considérables, et un travail de très longue haleine.

Il résulte de ce très rapide examen que les possi-
bilités de l'Arménie sont très belles, mais qu'elles
resteront à l'état latent jusqu'à ce qu'on puisse y
appliquer des ressources pécuniaires très élevées, et
pendant une période de temps très longue. Nous
verrons, tout à l'heure, que la race arménienne est
riche en ressources. Mais auparavant, il est nécessaire
de faire un peu de nomenclature géographique.

UN PEU DE GÉOGRAPHIE.

" L'Arménie est un pays sans homogénéité géographique," comprenant des bassins séparés, souvent
complètement fermés, qu'enserrent des montagnes
infranchissables.

Les bassins fermés les plus importants sont ceux :
du lac de Van (Thosp ou Tosp ou Dhosp des
Arméniens), à l'altitude de 1.625 mètres, sur 3.700
kilomètres carrés de surface. Les eaux sont salines.
On y remarque l'île d'Aghtamar ou Aktamar qui servit
de refuge aux rois arméniens et aux Patriarches à des
époques troublées, notamment vers 925, (église cons-

truite par Gaghik de Vaspouracan, le plus beau spécimen d'architecture de l'époque bagratide) ;

du lac d'Ourmiah, à 1.300 mètres d'altitude, 4.000 kmq de surface, peu profond (5 mètres en moyenne), eau salée comme celle de la mer Morte ;

du lac de Goktcha ou Gok-tchai (eau bleue) (Sevanga des Arméniens), 2 fois et demie le lac de Genève, (1.370 kmq), avec l'île de Sevan, monastère célèbre. Eaux peu salines. Altitude : 1.930 mètres. Profondeur atteignant 110 mètres.

La géographie arménienne achève de se caractériser avec les quatre grands fleuves de l'Araxe et de son affluent le Kour (Cyrus), de l'Euphrate, du Tigre, de l'Halys (Kizil Irmak), auprès desquels il faut citer le Lycus (Yechil Irmak), et le Tchorokh.

L'Araxe a environ 780 kilomètres de longueur. Il prend sa source auprès d'Erzéroum (Théodosiopolis), centre stratégique du pays, par un grand nombre de petits ruisseaux descendant du Bingol Dagh (mont-aux mille sources). Les sommets de cette région ont plus de 3.000 mètres. C'est aux sources de l'Araxe que se trouve la Phasiane ou Bacène qui fut le fief des Bagratides. Nombreuses mines de sel gemme.

L'Araxe reçoit sur sa gauche l'Arpa-tchai (ancien Akhouriane) qui passe à Pakaran (ville des Dieux) qui fut un centre religieux arménien : à Ani, qui fut la capitale des Bagratides ou Pakradouni qui y avaient leurs tombeaux royaux ; il est grossi lui-même par le Kars-tchai qui passe à Kars, ancienne forteresse des Bagratides. L'Araxe contourne ensuite par le Nord le massif de l'Ararat (Ourartou, ou Masis Arménien)

(5.160 mètres), qui couvre un millier de kilomètres carrés, absolument arides et désolés. C'est une région volcanique ; les mouvements sismiques y sont encore violents (destruction du village d'Argouri en 1840). Le fleuve sépare ce massif de celui de l'Ara Kadz arménien, ou Ala Goz, également volcanique, mais n'atteignant que 4.190 mètres. C'est de cette montagne que descend le Kara Sou, qui passe près de l'emplacement d'Armavir (à l'ouest d'Erivan), qui fut la capitale arménienne et métropole religieuse: temples d'Armazd (Ormuzd), de Mihr (Dieu soleil) et Anahid (protectrice spéciale de l'Arménie). Le Kara Sou est un affluent gauche de l'Araxe.

Entre l'Ararat et l'Alagoz, se trouve le couvent d'Echtmiazine ou Edchmiadzine, construit par le patriarche Nersès III sur un ancien emplacement de temples païens (Anahid), résidence du *Catholicos* des arméniens russes, qui revendique la suprématie religieuse sur tous les Arméniens. Ce centre religieux est situé près de l'emplacement de Valarsabad, ou Vagharchabad, ancienne capitale de l'Arménie, à 25 kilomètres d'Erivan.

L'Araxe arrose ensuite la plaine d'Erivan, passe près de l'emplacement de l'ancienne capitale Ardachad (Artaschat ou Artaxata), choisi par Annibal, alors refugié en Arménie, au confluent de l'Araxe et du Madzamor, l'Arpatchai actuel ; un moment cette ville s'appela Neronia.

L'Araxe laisse au sud la Médie mineure, ou Médie Arménienne, avec le district de Coltène aux vignobles célèbres et le bourg de Her (aujourd'hui Khoï). Puis, par une série de rapides, il tombe dans la plaine où il débouche à son confluent avec le Bergouchet ou Burghushet, passe sous le pont de Khoudéferin, attribué à Pompée, le dernier pont qui le traverse, encore très fréquenté comme voie commerciale, et rejoint le Kour. Au temps romain, les deux rivières étaient séparées. Très limoneuses, elles gagnent 4 kilomètres carrés par an sur la Caspienne.

Le Kour (Cyrus) descend du Caucase. Il a un cours de 1.050 kilomètres environ. Il prend ses sources dans la Gogarène (Gougark en arménien, le Gog de la Bible) c'est le fleuve des Ibères, des Géorgiens. Cette région à partir du IV⁰ siècle, s'est séparée de l'Arménie et a suivi le sort des Ibères et des Taoques.

Il passe près de l'ancien château fort arménien d'Ardahan, resté ville arménienne, près de nombreuses villes troglodytes très curieuses (Vardzia ou Vardziche, Ouflistzikhe, etc.)

Tiflis est bâtie près de l'ancienne capitale des rois géorgiens, Mestchelha ou Mtzkheta (IV⁰ et V⁰ siècles). Les Arméniens forment un tiers de la population de Tiflis.

Le Kour reçoit à droite le Terter, qui passe à Barda : cette ville, sous le nom de Partav, fut la capitale de l'Albanie du Caucase ou Aghovanie.

Le Kour finit par se jeter dans l'Araxe au milieu d'une plaine d'alluvions qui fut autrefois le pays fertile et peuplé du Phaidagaran, province de la Grande Arménie, notamment au I⁰ʳ siècle de notre ère ; mais toute l'irrigation est à rétablir pour repeupler ce désert.

Les températures du bassin de l'Araxe sont extrêmes.

À Tiflis on enregistre —33° l'hiver et +45° l'été. Ces pays sont donc très durs à habiter. Les régions de l'Ararat et de l'Alagoz sont tout à fait analogues à nos Alpes.

L'Euphrate prend ses sources au sud de Bingol Dagh (Mont aux mille sources) (3.752 mètres) par deux branches qui ramassent toutes les eaux, le Kara-Sou et le Mourad-tchai.

Le Frat, Kara-Sou, ou Euphrate occidental ou septentrional, sort de l'ancien lac d'Erzeroum, ville qui commande par sa situation les routes de l'Araxe à l'Euphrate, et à Trébizonde par Baïbourt. Près d'Erzeroum se trouvent les ruines des places fortes qui l'ont précédée : Arzen à quelques kilomètres à l'est ; Théodosiopolis (4° siècle).

Il coule ensuite dans la Carénitide ou Carine, et arrive à Erzindjan ou Ezenga, au milieu de l'Akilisène, à 200 kilomètres à l'ouest d'Erzeroum. Cette ville est bâtie sur l'emplacement d'Erez ou Eriza, où Tigrane le Grand avait construit les temples fameux d'Anahid et de Nané (Athénée), devenus plus tard temples de la Panagia.

Le Kara-Sou passe ensuite à Ani (Gamatch ou Kemag), dans le district de Taranaghi, écluse formidable, où se trouvait un château fort des rois arméniens et un temple de Zeus.

Le fleuve laisse à l'est la province de Sophène (Souphane, Soupane, en arménien Sophk) qui avait pour capitale Samosrate (Samousad ou Chamchad), située sur l'Euphrate au sud de son confluent avec le Mourad-tchai.

(2)

L'Euphrate oriental ou méridional, le Mourad-tchai actuel, l'Arsanias ou Aradzani des Arméniens, se forme au sud-est de l'Ararat, à l'est de Bayazid par où passe une route sur la vallée de l'Araxe ; cette région s'est appelée Nairi ou Nahri (pays des fleuves) sous les rois assyriens, appellation qui comprenait le bassin de Van. C'est à Bayazid que Joubert, envoyé par Napoléon 1er en Perse, resta de longs mois emprisonné dans une citerne. Une arménienne fit passer un billet à la cour de Perse et assura ainsi sa délivrance.

Le fleuve passe à Alarschkert, l'ancienne Bagravan ou Valarsckert, centre religieux renommé, puis à Melazkert ou Manazkert, ville qui fut prise et reprise très souvent.

Le Mourad-tchai arrive ensuite à Mouch, au voisinage d'Aschitchat, qui fut un centre religieux du paganisme (Anahit) et du christianisme. Aux environs, il y a de nombreux châteaux forts où les rois de l'Ourartou enfermaient leurs trésors, leurs récoltes et leurs familles. C'est aussi dans cette région que s'étaient établis les Mamiconiens ou Mamigoniens, famille féodale venue de la Chine, qui avait à titre héréditaire le commandement des armées.

Mouch, qui est à une altitude de 500 mètres inférieure à celle d'Erzeroum, a un bon climat. Elle a vu naître Mezrop, l'inventeur de l'alphabet arménien, Ve siècle, auquel on peut reporter, pour une bonne part, la conservation de la race arménienne, et Moïse de Khorène, qu'on a appelé l'Hérodote arménien, mais qui n'est à lire qu'avec circonspection.

Mouch était la capitale d'un pachalik.

Le fleuve entre dans le district de la Taronitide ou Taraunitis ou de Tarone.

En aval, il franchit une cluse, avec chute, appelée Guergour ou Kourkour, nom qui se trouve si souvent répété dans le même sens dans notre Kabylie. Il passe ·à Sivan Maden, forges importantes, où le fer se trouve à l'état natif en quantités incroyables.

À ce moment le Mourad-tchai ne se trouve pas éloigné d'un kilomètre du Tigre, dont il n'est séparé que par la muraille de basalte noir du Karadja Dagh (1900 m.)

Après quoi on arrive à Palou, dans le Paghahovid, qui fit partie de l'Arménie romaine ; des inscriptions cunéiformes relatent sa conquête par les Assyriens. C'est là que se trouve le dernier pont qui traverse le cours d'eau. Le Mourad laisse au nord Medzgert (ville d'Ormuzd), ruines d'un temple du feu, dont les ruines sont révérées, qui fut plus tard un évêché, et qui n'est plus qu'un hameau de huttes.

On rencontre ensuite sur la rive gauche Kharpout, (Kharpert), ville forte de l'Arménie IV, au centre de l'Enzite, où Gregoire II établit le patriarcat vers 1125. C'est un centre de missions américaines, et un centre d'instruction des Arméniens.

Au confluent des deux Euphrates, on trouve :
en aval, sur la rive gauche, Kyébane Maden (ou Kebane Maden), mines de plomb argentifère abandonnées ; entre les deux fleuves : les ruines d'Hiérapolis ;
en amont, à l'ouest, Arabghir ou Arabkir, fondée par les Arabes ; c'est une ville de jardiniers experts.

Au confluent, l'Euphrate a 100 mètres de large, un mètre de profondeur. Ses crues sont de quatre à six mètres.

L'Euphrate sert ensuite de limite occidentale à la Sophène qu'il sépare de la Mélitène.

La Sophène, l'Enzite (Enzi ou Hanzite) et l'Aki-iisène ont formé l'Arménie euphratienne, capitale Arsamoussata, Arsamosata ou Aschmouschad (entre Kharpout et Palou), qui avait un satrape particulier sous les Akéménides et qui devint sous Justinien l'Arménie IV.

La Mélitène, Milid ou Malatia, qui fit partie de l'Arménie II, est un ancien lac, arrosé par le Tokma Sou : cette plaine est à mi-route entre Byzance et Ctésiphon, entre Constantinople et Bagdad. Elle est aussi sur la route de la Perse à l'Ionie. Malatia, sa capitale, est donc un point routier important, outre la valeur agricole de ce pays d'alluvions.

L'altitude du fleuve est alors de 847 mètres.

A partir de là, il traverse le Taurus arménien avec 300 rapides en 150 kilomètres, sa largeur se réduisant parfois à 30 mètres. Von Moltke a failli s'y noyer en 1838 et 1839 en essayant la navigabilité du fleuve pour le compte du gouvernement turc. Dans cette partie de son cours l'Euphrate se rapproche de la Méditerranée. A Roum Kaleh (Hromgla en armé-nien, Château des Romains), il n'en est plus qu'à 155 kilomètres, d'où l'importance de ce point, bâti sur un promontoire escarpé, entouré de trois côtés par le fleuve. Il y avait là des ponts, c'était l'antique Zeugma ; Roum Kaleh a été la résidence du Patriarche arménien.

On arrive ensuite à Biredjick, point de passage des caravanes, près des emplacements d'Apamée et de Séleucie de Syrie. C'est là que le fleuve devient navigable pour les barques. D'après la tradition, c'est là que Bacchus bâtit un pont sur l'Euphrate alors qu'il marchait à la conquête des Indes.

Le fleuve reste N.S. jusqu'à Balis (150 kilomètres). Ensuite il reçoit à gauche :

le Belik, qui vient des hauteurs d'Orfa, l'ancienne Edesse, dont on fait remonter l'origine à Nemrod ;

le Khabour, dans le haut bassin duquel se trouvent Tell Armen (peut-être Tigranocerte, capitale de Tigrane le Grand) ; Midyat, métropole des chrétiens jacobites ; Nisibin, l'ancienne Nisibis, ville forte âprement disputée entre les Romains et les Parthes.

L'Euphrate passe à Rakka, qui fut capitale de Haroun el Raschid ; il laisse au sud la plaine de Seffeine, où eurent lieu les 90 combats qui décidèrent de la mort du Khalife Ali. Tout ce pays, aujourd'hui désert, est couvert des ruines de villes célèbres, dont Zelibi, l'ancienne Zenobia. Il n'y reste que la petite ville militaire turque de Deir ez Zor, où il n'y a même pas un pont sur le fleuve.

L'Euphrate oblique alors vers l'est. Dans cette partie de son cours, il est rejoint, sur sa rive droite, par une série de vallées désséchées dont les plus importantes sont :

l'Oued Ali, qui vient de Tadmor (Palmyre) : 300 kilomètres et l'Oued el Nedj ou Er-Roummah, qui a 2.000 kilomètres.

L'Euphrate se déplace lentement vers l'ouest, en colmatant sa rive gauche ; plus haut que le Tigre dont il n'est éloigné parfois que de 35 kilomètres, il arrose la plaine intermédiaire, s'appauvrissant au profit du Tigre et de la mer de roseaux qui couvre d'importantes étendues de ce pays, qui fut le centre du Monde et va reprendre une importance analogue.

Le Tigre a un cours de 2.000 kilomètres, la moitié de l'Euphrate ; néanmoins le débit du Chatt el Arab est inférieur à celui du Danube, qui a une longueur comparable à celle de l'Euphrate.

Le fleuve se forme par une série de rivières, parmi lesquelles deux sont admises comme les principales : le Karadja-tchai, qui sort du Karadja Dagh, à un kilomètre de l'Euphrate seulement, en face des mines de Sivan, dans le district ancien d'Antzitène ou Hantzith ou Enzite, qui fit partie de l'Arménie IV.

Il passe à Maden Khapour (1039 mètres) et Maden Arghana, mines de cuivre abondantes.

Après avoir franchi une cluse aux rives à pic, il rejoint le Didjlé.

Le Didjlé (arabe) ou Dikla (arménien) ou Hiddeket ou Idiklat (assyrien) ou Chat (fleuve par excellence), d'où le Tigre tire son nom.

Le fleuve passe ensuite à Diarbékir, l'ancienne Amid ou Amida (626 m.), climat de France, limite septentrionale du cotonnier, vaste plaine d'alluvion, sur une route joignant le Tigre à l'Euphrate au moment où l'isthme qui les sépare est le plus étroit. Pont de dix arches.

Diarbékir avait, avant la guerre, des établissements religieux appartenant aux dominicains français dont le centre était à Mossoul. Le Tigre traverse alors la Sophanène, laisse au nord les ruines de Martyropolis (Maiafarekin ou Maipherkat) où se trouvait un monument à la mémoire des chrétiens tués par Sapor.

Les montagnes à l'est se relèvent progressivement jusqu'à 4.000 mètres.

Le Tigre reçoit à gauche le Batman Sou qui passe à Sassoun, un des pays où le massacre a été complet. Cette rivière est l'ancien Nymphius, qui séparait la Sophanène (sur sa rive droite) de l'Arzanène ou Arzen (sur sa rive gauche). Il fut la limite entre les empires de Jovien et de Sapor II, quand ils se partagèrent l'Arménie en 363.

Puis le fleuve reçoit sur sa gauche le Tigre oriental ou Botansou, dont un affluent vient de Bitlis (Bagheck) (1420 m.) pays de très bon climat.

Il traverse ensuite la province de Corduène (au sud et sud-est) ou de Gordyène, qui comprenait les sources du Botansou et du Zab : c'est le pays des Carduques antiques, les Kurdes actuels. On y trouve des traces de nombreuses colonies d'Assyriens et de juifs transportés de force. Les Assyriens seraient devenus les Nestoriens actuels.

Par une série de défilés impraticables, il arrive à Mossoul, où commence la navigation des barques. Ici encore, de Moltke a fait la descente du fleuve sur les embarcations indigènes en outres gonflées (1838-1839).

Mossoul est le point de passage des caravanes allant vers la Méditerranée. Avant la guerre, il y avait une organisation religieuse des dominicains français en pleine prospérité (imprimerie, séminaires chaldéens). Un hôpital, une école d'agriculture, un orphelinat, une congrégation de femmes, étaient en voie de création plus ou moins avancés.

Tout le pays n'est plus qu'un livre prodigieux d'histoire : ruines de Khorsabad, le Versailles de

Sargon, il y a 33 siècles, à 20 km. nord-est de Mossoul ;

ruines de Ninive à 2 kilomètres de Mossoul, qui n'en est peut-être qu'un ancien faubourg ;

ruines de Nemrod, la Calach, seconde capitale assyrienne, bâtie par Salmanazar I ;

Les tumuli sont innombrables tout le long du fleuve.

Le Tigre reçoit ensuite le Grand Zab, qui vient de la région entre les lacs de Van et d'Ourmieh, à travers le pays des Kurdes. Il passe à Djoulamerk (Julamerik) (mines de fer et de plomb), capitale des Kurdes Hakkari. Ce massif a toujours été évité par les conquérants de l'antiquité à cause du terrain et des hommes.

Sur un affluent du Grand Zab, se trouve Erbil, l'Arbelle de l'histoire (Alexandre contre Darius, en 331).

Le Tigre laisse sur sa rive droite une haute butte dite Kalaa Cherga : ce sont les ruines d'Assour, qui fut la première capitale des Assyriens.

En aval du confluent du Petit Zab, le Tigre passe à Tekrit, limite nord des Palmiers ; à Samarah ; puis il reçoit l'Adhaun, qui descend de Kerkouk ; sources de naphte, sol brûlant, temple d'Anahid.

Il arrive ensuite à Baghdad, (Baga-data = Dieudonné), (Dar es Salam), passe entre les ruines de Séleucie (rive droite) et de Ctésiphon (rive gauche) qui furent la capitale des Parthes et la limite des conquêtes romaines, Les arabes nomment ces ruines Madaïn (les villes).

L'importance des villes de cette région a été due à la vallée de la Diyala, route du commerce avec le

plateau de l'Iran, et à la jonction la plus septentrionale
possible par canaux entre le Tigre et l'Euphrate.

Le reste du cours du Tigre est connu de tous,
depuis la guerre actuelle.

Il suffit de dire que la Chaldée (Babylone et la
Basse Mésopotamie) a été l'origine de la civilisation
des hommes ; Elisée Reclus appelle Erekh, Ourouk,
Orchée (grec) ou Ouerka (arabe), sur l'Euphrate,
LA VILLE DES LIVRES. C'est là qu'on a trouvé la
plus ancienne bibliothèque de la Chaldée : les plus
anciennes briques écrites connues de Ninive, notamment celles qui font le récit du déluge, ne sont que la
copie de celles d'Erekh.

Le souvenir de Babylone s'est imposé au monde
entier : et les traditions de cette époque sont restées
vivaces dans les pays voisins à travers tous les change-
ments de religions.

A cette période, le Chatt-el-Arab était un golfe :
la terre a avancé depuis de 150 kilomètres.

La Mer Noire est bordée au sud-est par une série
de rides montagneuses parallèles à son rivage qu'on
désigne sous le nom d'Alpes pontiques et qui atteignent
3.600 mètres. Les cols y sont parfois très élevés :
au nord d'Erzeroum, la route de Trébizonde par
Baïbourt passe par un col de 2.700 mètres.

Entre ces rides coulent une série de fleuves, qui
n'arrivent à la mer que par des cluses et des rapides.

Ce sont :

1°— Le Kizil Irmak (fleuve rouge), l'ancien Halys.
900 kilomètres. Son cours est très tourmenté.

L'été, il est à sec ou guéable. L'eau est souvent salée. Les crêtes qui limitent son bassin ont 2.000 mètres de hauteur en moyenne.

Ce fleuve était limite de l'Asie Mineure, d'après Hérodote ; au-delà était l'Asie transhalysienne. Le Kizil Irmak passe à Sivas ou Siouas, l'ancienne Sébaste, que Pompée créa ou restaura sous le nom de Mégalopolis, après sa victoire de Nicopolis (66) ; ce fut la capitale d'un état arménien où se refugia le roi de Vaspouracan, Sennékerim l'Arzerouni avec 40.000 personnes fuyant devant les Seldjoukides (102). Sivas se trouve sur la route commerciale d'Aïas à Erzeroum par Missis, Sis et Erzindjan. Un cinquième de la population était arménien.

Le fleuve passe ensuite à Kaïsarieh (Césarée, de Cappadoce), métropole religieuse de la Cappadoce, où Grégoire l'Illuminateur fut consacré Catholicos, probablement vers le début du IVe siècle.

Cette ville fut créée ou restaurée par Pompée en 66 sous le nom de Mazaca. Avant la guerre actuelle, le tiers de sa population était chrétien.

Près de Césarée se trouve le volçan éteint Erjias Dagh ou Argée.

Le Kizil Irmak décrit ensuite un cercle au centre duquel se trouve Yusgat (1792 mètres), ville administrative et militaire, où les hivers sont très durs.

A 40 kilomètres au nord-ouest se trouve Boghas Koi (le village du défilé), ruines considérables, temples, monuments, bas reliefs, qui sont un reste des Hittites, dont les établissements sur l'Halys furent detruits par les Kimériens.

Le fleuve laisse à l'ouest Angora (Ancyre, Engurieh) temple d'Auguste avec son histoire qu'il a fait graver sur une page de pierre, alors qu'il avait 76 ans. Les habitants seraient Galates (Perrot).

On trouve ensuite Osmandjik. pont de pierres, route directe de Constantinople à Amasia et par là à Batoum.

Puis, sur un affluent de gauche, Toch-Kopri (le pont de pierres), près des ruines de Pompéiopolis, fondée par Pompée.

Enfin Bafra, autrefois Pavrakhé, qui était encore port de mer il y a mille ans. On y cultive le tabac.

Le fleuve finit par un delta compliqué, vaseux qui s'étend sans cesse.

2".—Le Yechil Irmak ou Iékil Irmak (fleuve vert,) formé du Lycus, (Kail, Qelqith ou Kelkit) et du Tosanli (Iris).

Cette vallée ouvre une route sur Batoum par le Tchorokh, ce qui fait l'importance de Baïbourt, où cette voie se croise avec la route d'Erzeroum à Trébizonde.

Le col entre le Qelqith et le Tchorokh n'est qu'à 1900 mètres.

Le Qelqith passe à Nicopolis ou Colonia, fondée par Pompée en faveur de ses vétérans sur le lieu même de sa victoire sur Mithridate (66), où l'armée de celui-ci (30.000 fantassins, 3.000 cavaliers) fut entièrement detruite.

On peut citer ensuite :

Kara Hissar (château noir), mines d'alun ;

Niksar (Neo Casarea) (500 mètres), probablement l'ancienne Cabira qui fut une des résidences de Mithridate.

Le fleuve reçoit à gauche le Tosanli (Iris) qui passe à Tokat (route de Constantinople à la Mésopotamie) ; il laisse au sud Ziélah (Zilleh), ville turque, à l'endroit où Mithridate extermina l'armée romaine de Triarius (68 a. J. - C.), près d'un temple célèbre d'Anahid.

C'est au nord de Zilleh que César battit, en 47, Pharnace II, roi du Pont, fils de Mithridate et qu'il écrivit : « *Veni, Vidi, Vici* »

Le Tosanli passe alors à Amassia, patrie de Strabon, qui y écrivit ses ouvrages. Les rois du Pont y avaient un palais.

Le Yechil Irmak se jette à la mer à l'est de Samsoun.

Elisée Reclus voit dans le Mason Dagh, qui se trouve plus à l'est, une trace du souvenir des Amazones.

Le cours du Yechil Irmak est inscrit dans celui du Kizil Irmak.

Nous avons vu que la route de Constantinople à Batoum passe à Baïbourt et suit le Tchorokh (Djorokh, le Sper arménien).

Baïbourt est un amas de masures avec des mines d'argent et de cuivre.

Le fleuve coule dans le district de Sper (Ispir actuel, ruines) qui fut au premier siècle le domaine initial des Bagratides.

Il traverse ensuite le Daikh ou Daïq, province de la Grande Arménie, arrose le pays des anciens Taoques, passe à Artvin (Artvind des Bagratides) aujourd'hui ville populeuse.

La vallée du Tchorokh dans toute sa partie autrefois turque, était déserte ; on n'y voyait que les ruines

de l'époque bagratide, qui sont innombrables, car ils
furent de grands bâtisseurs.   La partie russe au
contraire, avec la ville d'Artvin, était habitée et
cultivée.

Je crois intéressant de rappeler, pendant que nous
nous occupons de cette région, que Pompée avait
nommé roi de l'Arménie mineure, Déjotare, ancien
tétrarque de la tribu gauloise Tolistoboies, résidant
autour de Pessinonte (ville de Galatie entre Ancyre
et Synada), en récompense de sa fidélité à l'alliance
romaine.   Déjotare se trouvait ainsi maître de la
Galatie, des bouches de l'Halys, de la moitié orientale
du Pont, avec Trapezonte (Trébizonde) et de
l'Arménie Pontique.   Après Pharsale (48), où il
avait combattu à côté de Pompée, il dut quitter son
titre de roi, et perdit la partie arménienne de ses états.

QUELQUES MOTS
SUR L'ARMÉNIE MINEURE

L'Asie Mineure a la forme d'un rectangle qui serait incliné vers la Mer Noire.

Elle présente au sud une série de massifs montagneux élevés qui portent le nom générique de Taurus :

le Taurus arménien, direction est-ouest, traversé par l'Euphrate au nord de Roum Kaleh.

le Taurus cilicien qui forme la partie sud-est du plateau de l'Asie Mineure, et borde la rive droite du Seihoun. On y trouve des altitudes de 3,200 à 3.400 mètres. Une seule route le traverse, celle du Koulek Boghaz ou Gulek Boghaz, en arménien Gouglag, les Pyles ou Portes Ciliciennes.

Les *Pyles Cilicæ* étaient dominées par plusieurs forteresses : au nord, Cybistra, au sud, dans l'entrée, Podandus sur un affluent du Sarus. Au pied du versant méridional était Lampron, aujourd'hui Nimroud Kalessi, sur un rocher à pic (1.250 mètres), sur la branche occidentale du Cydnus. Cette dernière fut donnée à fief héréditaire à Orschine par Aboulkharib Arzdrouni, gouverneur de Tarse et de Mopsueste (1075), au nom de l'Empereur Alexis Comnène ; ce fut l'origine du royaume d'Arménie Mineure et de la dynastie des Roubéniens ou Roupènes.

Le Boulgar Dagh, qui a des sommets de 3.500 mètres, fait partie du Taurus Cilicien.

Vers l'ouest, Reclus donne aux montagnes les noms de Taurus d'Isaurie (1.500 mètres, sommets de 3.000), de Pisidie (3.000 mètres) et de Lycie (3.000 mètres), de l'est à l'ouest.

Les Taurus sont reliés aux Alpes Pontiques par l'Anti-Taurus, dont l'altitude septentrionale n'est que de 1700 mètres, mais qui se relève au sud jusqu'à 3.200 mètres. Il borde la rive gauche du Zamantia, affluent du Seihoun.

L'Amanus ou Akma Dagh, 2.000 mètres au plus haut sommet, avec des pentes escarpées sur la mer, borde le golfe d'Alexandrette au sud. Dans l'antiquité, la Syrie ne commençait qu'à l'Oronte, et l'Amanus était compté comme un Taurus.

Il est prolongé par le Ghiaour Dagh vers le nord-est, qui double le Taurus arménien sur la rive gauche du Djihan.

Autour du golfe d'Alexandrette, sur la route d'Aias à Antioche, il y a trois portes ou pyles : dans le Djebel Nour, à la pointe nord du golfe, le défilé de Kara Kapou, Demir Kapou ou Kourd Koulek (Porte de Tamerlan, Porte de Fer, Porte Noire).

Au nord d'Alexandrette, un défilé rendu carossable au temps de Justinien : la Portelle, les Portes Amaniques, les piliers de Jonas, le Sakal-Toutane.

Au sud d'Alexandrette, Portes Syriennes près de Baylane ou Beilane.

La partie centrale de l'Asie Mineure est une ancienne mer intérieure déséchée, à l'altitude de 1.000 mètres, ayant la climat et l'aspect des steppes de l'Asie centrale. Cette mer est bordée d'une chaîne de volcans, débutant au sud de Kaisarieh par l'Erjias Dagh (Argès, Ardjeh) (3.341 mètres), et se prolongeant vers le sud-ouest. Au temps de Strabon, toutes ces montagnes étaient couvertes de forêts : aujourd'hui on achève la destruction des quelques arbres qui restent en les brûlant sur pied pour vendre le peu de charbon de bois produit par cette exploitation sauvage.

Il n'y a plus qu'un volcan en activité dans l'Asie Mineure : celui de l'île de Nisero, au sud de Kos, à l'ouest de Knide.

La ville principale, oasis dans le désert de cette mer désséchée, est Konia, (Konieh, Iconium), 40.000 habitants, capitale de l'ancienne Lycaonie, de l'empire des Turcs seldjoukides : point de bataille habituel (Croisés, Ibrahim Pacha en 1832).

En suivant la côte Cilicienne de l'ouest à l'est on peut citer :

Adalia, (Attalea) fondée en 158 avant notre ère par le prince Attalé, capitale de la Pamphylie antique, au milieu d'un peuple de ruines, au fond d'un golfe.

le Goeuk-sou ou Ermenek, l'ancien Calycadnus, qui vient de l'Isaurie, et finit à Selefké-Trachée, une des Séleucie antiques, aujourd'hui hameau de gourbis.

Mersina, port très malsain en été ; un peu à l'ouest, on trouve les ruines du port et de la ville de Pompéiopolis.

Le Tarsous-tchai (fleuve du Tarse), l'ancien Cydnus aux eaux glacées. Cours de 130 klm. Il laisse Tarse sur sa rive gauche ; c'est une ville de 12.000 habitants, d'une très haute antiquité, car la légende prétend que ce fut la première plaine qui fut asséchée après le déluge. Elle a rivalisé ave Alexandrie d'Egypte sous César et Auguste, a été la capitale d'Antoine et de Cléopâtre, puis des Roubéniens. Tombeau de Sardanapale (Langlois). Aux environs, caverne des Sept Dormants, pèlerinage fréquenté.

Le Tarsous-tchai finit par un delta marécageux très malsain.

Le Seihoun (Sihoun, Sihan, Saran, Sarus,) vient
de l'Erjias Dagh ; 450 klm. Il est formé de Zamanlia
et du Gok :

le Zamanlia borde au nord l'Anti-Taurus,

le Gok passe à Sar (Komana, Hiérapolis), à Hadjin
ou Hadchin qui était une ville arménienne de 10.000
habitants avant la guerre.

Le Seihoun passe ensuite à Adana (45.000 habitants) situation commerciale importante sur la route
venant de Konia par le Koulek Boghaz, la route de
Siouas par le Seihoun, et les routes ouvertes par
le Djihane.

Le Djihoune (Djihane, Pyramus), qui vient des
bords de l'Euphrate, 450 kilomètres. Les sources sont
mal connues. Il est navigable aux barques pendant 100
kilomètres. Il passe à Albistan (Ablasda ou Ablastha,
province de l'Ablistène), près de la confédération
arménienne des six tribus de Zeitoun (10.000 habitants) (altitude : 1.500 mètres).

Il passe ensuite à Marach (Germanicia) (24.000
habitants dont la moitié étaient arméniens) ; il laisse
au nord Sis, qui fut capitale de l'Arménie Mineure de
1182 à 1375, (500 habitants), et est la résidence du
patriarche arménien des arméniens turcs, que le
gouvernement turc oppose à celui d'Etchmiadzin.

Le fleuve arrive alors à ANAZARBE (ANARZAPA,
ANAZARVA) surnommée la nouvelle Troie, fortifiée par
Justinien 1ᵉʳ et Haroun el Raschid et qui fut capitale de
l'Arménie Mineure avant Sis. Le royaume d'Arménie
Mineure, vers 1370, était réduit à Sis et à Anazarbe.
Au temps de Constantin 1ᵉʳ (306-374) la Cilicie
fut divisée en trois :

Cilicie I, capitale Tarse.

Cilicie II, capitale Anazarbe.

Cilicie III, pierreuse, capitale Séleucie-Trachée (Selefké).

Le Djihoun passe alors à Missis (Mopsueste, Mamistra) où-il y a un pont en pierres, et finit à l'ouest du port d'Ayas ou Aias.

Le port d'Aias, au nord du golfe d'Alexandrette, fut au XIIIe siècle aussi florissant qu'Alexandrie d'Egypte : les routes commerciales qui en partaient étaient :

Aias, la Portelle, Alexandrette

Aias, Mamistra (Missis), Sébaste (Siouas), Erzenga, Erzeroum, Etchmiadzin, Tauris ;

Aias, Adana, Koulek-Boghaz, Konia, Constantinople ;

Aias, vallée du Gok par Mout (Claudiopolis) et Ermének (Germanicopolis), Isaurie.

Les commerçants de Montpellier et de Provence eurent un négoce important à Aias et conclurent à cet effet des traités en 1314 et 1331 avec Léon V de Lusignan, roi d'Arménie Mineure ; ils ne faisaient d'ailleurs que suivre les Gênois, les Vénitiens, les Catalans, les Siciliens.

NOTIONS
SUR L'HISTOIRE DE L'ARMÉNIE

A :— Les premiers habitants de l'Arménie

Il semble utile de rappeler brièvement les origines de l'histoire en Asie.

Les monuments écrits les plus anciens découverts jusqu'ici sont les briques écrites d'Ouarka (Erek) sur le bas Euphrate, qui remontent à 20 siècles avant notre ère. Elles sont le reste de la civilisation Chaldéenne, qui a eu une très grande influence sur notre civilisation ; la capitale de la Chaldée était Babylone.

Un peu plus tard un empire guerrier s'était formé dans le nord, celui de l'Assyrie, qui eut pour capitales, successivement, Assour, Calach puis Ninive.

Les légendes donnent pour fondateurs de ces états Nimroud (Nemrod), Sémiramis et Ninus. Ils étaient personnifiés par leurs dieux Bel ou Belus pour Babylone, et Assour pour l'Assyrie.

Une légende analogue développée par Moïse de Khorène, raconte que la région de l'Ararat fut peuplée par Haïk, petit-fils de Japhet, qui serait venu s'établir auprès du lac de Van, à l'époque de la Tour de Babel. De là viendrait le nom de Haï, pluriel Haïk, que se donnent les Arméniens. Mais ce n'est qu'une légende.

Les inscriptions cunéiformes, déchiffrées jusqu'à aujourd'hui, précisent au contraire que l'Ourartou (Ararat) formait un état tributaire de Téglath-Phalasar, roi de la première dynastie assyrienne, dont l'empire s'étendait de la Bactriane et de la Caspienne (Mer Hyrcanienne) à la Méditerranée, vers le Xe siècle avant notre ère. On a d'ailleurs la liste à peu près complète de ces rois de l'Ourartou, du IXe au VIe siècle a.J.-C., pendant 300 ans.

L'un d'eux, Ishpouin ou Ishpouinis, qui régnait vers 820 ou 828, installa sa capitale à Thospis, Thouspa ou Dhosp, le Van actuel. Un de ses successeurs, Menouas, y construisit notamment un aqueduc dont il y a encore des ruines grandioses, et qui est attribué à Sémiramis (vers 720 à 800).

Mais vers 1020, à la suite de la destruction de l'empire de Sardanapale par les Mèdes et les Babyloniens, une deuxième dynastie ninivite s'établit.   Un de ses rois, Teglat-Phalasar II, qui soumit les Mèdes et les Babyloniens (741), avait commencé par assiéger Van (740) sans pouvoir enlever la citadelle qui domine la ville.

Le fondateur de la troisième dynastie de Ninive, Sargon (722-705), fit plusieurs campagnes heureuses contre l'Ourartou.   Il fut assassiné en 705 dans son palais de Khorsabad (près de Mossoul).

Tous les peuples dont nous venons de parler sont des Sémites.

Les Ourartiens parlaient, d'après leurs inscriptions en écriture cunéiforme, une langue qu'on ne sait pas encore classer. Ils avaient pour dieu national Khaldis, d'où sans doute le nom de Khaldi ou de Khaldas qui leur est souvent donné.   On relève autour d'eux l'existence des Carducques, au sud de Van, les Kurdes actuels, et des Khati dans l'Arménie Euphratienne.

Au nord il y avait les Scythes ou Saces (entre l'Araxe et le Kour), les Ibères sur le Kour, les Taoques sur le Tchorok et le Kour.

Vers le milieu du VII° siècle, le pays fut envahi par les Cimmériens, Kimmériens, Gamirk (nom arménien) ou Gimmiri, peuples européens des plaines au nord du Caucase, et par les Scythes, Saces ou Skouzai, peuples touraniens de l'Oxus (Amou-Daria). Les Saxons descendent de ces tribus.

Pendant près d'un demi-siècle, tout fut livré aux ravages les plus complets. Cependant certains éléments retirés sur les sommets les plus élevés et les plus difficiles purent se maintenir, et on retrouvera plus tard les noms des Ourartiens dans ceux de plusieurs grandes familles féodales des Arméniens.

En même temps les Mèdes ou Madai, peuples Aryens issus de la Bactriane, venaient s'établir sur le plateau de l'Iran, et fondaient un empire puissant. Ils soumettaient la région de l'Ourartou vers 640.   En 606 leur roi Cyaxarès (633-595) allié à Nabopalasar, roi de Babylone, et avec l'appui des Scythes, s'emparait de Ninive qu'il détruisit.

B :— Migration des Arméniens

Tous ces mouvements de peuples, qui gagnaient de proche en proche, avaient leur contre-coup en Europe.

Des tribus thraces étaient venues occuper la Phrygie et en même temps les Armens, tribus venues de la même région, apparaissent en Asie Mineure. On sait qu'ils luttèrent contre Sargon (718-710) en Cappadoce, dans la région de Kaisarieh.

On sait encore qu'à l'époque de l'invasion des Kimmériens, il y avait des Armens sur la rive gauche de l'Euphrate, dans la vallée de l'Halys et en Cilicie. Puis on trouve fréquemment dans les documents les noms d'Arma, Armai, Harma, Arméni ; le pays prend le nom d'Armina, Arménik ou Erimen, de la Cappadoce à l'Ararat. On rattachera plus tard ces appellations à l'expression de la Bible : Tog-Arma.

Les Arméniens ont même poussé, dès cette époque, dans la vallée de l'Araxe et y ont fondé à Armavir un groupement séparé de celui de l'Euphrate.

Il n'est pas douteux que les tribus nouvelles aient absorbé les restes des peuples de Khaldis ; d'ailleurs les rois de l'Ourartou, en lutte contre l'Assyrie, avaient appelé à leur aide ces bandes guerrières.

D'autre part, elles ont absorbé aussi les restes des Hittites, Khitti, Hati, Khetta (*Bible*). Ces peuplades, dont on retrouve les traces sous forme d'inscriptions remontant au XVe siècle avant notre ère, de ruines considérables, de sculptures très nombreuses, étaient alors répandues au nord de la Syrie, en Cilicie, dans le Taurus, la Commagène, (rive droite de l'Euphrate, en face de l'Osrhoène, c'est-à-dire d'Ourfa ou Edesse), la Cataonie (Albistène, le Zeitoun arménien actuel). Ils ont laissé les traces de leur puissance et de leur organisation à Karkhemieh, une de leurs capitales, sur la rive droite de l'Euphrate, à 25 kilomètres en aval de Biredjick, dont ils avaient fait le centre commercial du monde d'alors, à Boghazkoi et à Ouzouk dans la vallée de l'Halys.

Ils ont laissé une écriture hiéroglyhique que l'on est parvenu à déchiffrer en partie. Ils furent les alliés de Ramsès II. et réduits par Sargon, ils furent détruits ou dispersés par les Kimmériens. Ils étaient d'ailleurs paisibles, bons agriculteurs et assez peu guerriers.

C'est par la fusion des éléments hittites avec les Armens qu'on explique l'appellation de Haï ou Haïk par laquelle les Arméniens se désignent eux-mêmes.

On voit que les arméniens sont de race européenne, mais qu'ils ont absorbé des éléments importants de races mélangées, probablement sémites.

La langue arménienne elle-même est une langue européenne; sa grammaire est parente des grammaires grecque et latine, mais elle a naturellement beaucoup emprunté aux langues iraniennes. Aslan signale néanmoins sa parenté avec le gaëlique de Bretagne par les exemples suivants :

Pad (bois en arménien), *pades* (sapin en gaëlique), *Padus*, (Pô, rivière des sapins de la Gaule transalpine);

Car, (pierre en arménien), *carnac* (amas de pierre en breton) carrière (en français, pour pierrière) ;

Kar, Kœr, (lieu, résidence en arménien) et *Ker*, (même sens en breton).

Enfin le nom du plus grand souverain arménien, Tigrane ou Tirane, serait expliqué par les mots bretons *Ti Grann* (héritage total, grand apanage, part du Chef).

Une tradition rapportée par Strabon et par Cyrille de Pharsale et Méduis de Larina, historiens d'Alexandre le Grand, veut que l'Arménie ait été fondée par Arménos le Thessalien, né à Arménium, et l'un des compagnons de Jason (*Aslan*).

C :— Période des Empires Mède (633-549) et Perse (549-331)

L'empire des Mèdes fondé par Cyaxarès (Khva-khshatra ou Houvakhschatis, (633-595), fut détruit par Cyrus le Grand en 549.

L'empire des Perses fondé par Cyrus le Grand (Kyros) en 560, eut sa capitale à Persépolis (dans le Faristan, à 50 kilomètres au nord-est de Chiraz).

Cyrus battit Crésus, roi de Lydie, prit Babylone et renvoya les Juifs à Jérusalem ; il fut tué dans une guerre contre les Massagètes (au nord de la Caspienne,la mer Hyrcanienne d'alors).

Son fils Cambyse (Combuzia) (529-522)soumit l'Egypte.

Darius 1ᵉʳ (522-485), (Dara, Darayavaus; en arménien Dareh), fils d'Hystaspe, conquit la Thrace et la Macédoine jusqu'au Danube. Marathon (490).

Xerxès (485-465) soumit l'Egypte révoltée. Salamine (480), Platée et Mycale (469).

Sous l'un des successeurs, Artaxerxès II Mnémon, révolte de Cyrus le Jeune, bataille de Cunaxa, sur l'Euphrate, Xénophon et les Dix-Mille (401).

Sous Darius III Codoman, Alexandre le Grand détruit l'empire Perse; Granique 333; Issus 335; Arbelles 331.

L'empire des Akéménides (du nom du premier roi Achéménès) avait duré 229 ans.

Pendant cette période, l'Arménie resta généralement fidèle aux souverains perses, sa population se développa, s'étendit. Et c'est de cette époque que l'Araxe et l'Ararat sont devenus le centre de la race arménienne.

On relève un certain nombre de chefs arméniens du nom de Tigrane et d'Orontès (Hrante); le fils de l'un d'eux, Tigrane, otage à la cour de Kyros, se fait remarquer à la tête d'un contingent arménien comprenant notamment 4.000 cavaliers, contre Crésus (546), à la prise de Babylone (538), et rentré dans son pays, s'intitule roi d'Arménie. A la mort de Cambyse, les Arméniens se révoltent. Darius fils d'Hystaspe, leur envoie une armée commandée par

Vaoumina qui les soumet. Leur pays est organisé
en une satrapie, l'Arménik ou Armina (518), compor-
tant deux divisons (Araxe et Euphrate) et fournissant
trente mille chevaux de tribut annuel (*Aslan*).

L'empire de Darius s'étendait du Danube à la
Chine. Les satrapes étaient absolus, comme le furent
les proconsuls romains. Il créa partout des routes
organisées pour le transport rapide des courriers
du gouvernement.

Sous son règne et sous celui de son successeur
Xerxès, les Arméniens fournirent des contingents pour
les guerres *médiques* contre les Grecs. Ces
contingents étaient réunis à ceux des Phrygiens, dont
ils avaient l'armement, décrit par Hérodote.

Les Arméniens ne prirent pas part à la querelle
entre Cyrus le Jeune et son frère Artaxerxès II. Après
Cunaxa, Xénophon traversa leur pays avec les dix-
mille. Il en donne une description très intéressante,
qui montre un très riche pays agricole, des montagnes
couvertes de forêts, une population très commerçante,
très industrieuse, vivant souvent en troglodytes au
milieu de troupeaux nombreux, notamment de
chevaux et de mulets. Les grecs se sont servis du
persan pour leurs relations avec les Arméniens pendant
cette retraite.

Sous Darius III Codoman, qui avait été un de
leurs satrapes (en arménien satrape se dit shahap),
ils envoyèrent leur cotingent contre Alexandre le
Grand à Issus et sans doute à Arbelles qui est dans
leur pays.

Alexandre (331-323) leur donna comme satrape
Mihran, un Ibère du Caucase qui était précédemment
satrape de Lydie.

D:— Période des Séleucides (323-187)

À la mort d'Alexandre, mort à 33 ans, son empire se démembra.

Ptolémée, fils de Lagos, fonda la dynastie des Ptolémées en Egypte (325-31).

La dynastie d'Antigone eut la Macédoine (325-146). Séleucus Nicator, établi en Syrie, avec Séleucie de Syrie et Antioche comme capitales, fonda la dynastie des Séleucides, qui essaya de reconstituer l'empire perse (330-187). Tous ces empires furent détruits par Rome. De l'état des Séleucides, après la bataille de Magnésie (187), il resta un royaume de Pergame, sous les Attalides, qui fut un centre d'hellénisme brillant.

Pendant la période d'anarchie qui suit la mort d'Alexandre, jusqu'à la bataille d'Ipsus en Phrygie en 301, les principicules arméniens avaient été à peu près indépendants. La Médie Atropatène (Aderbeidjane actuel), avait des rois qui portaient le nom générique d'Artavasde, qui est arménien.

Les Séleucides, d'Antioche ou de Séleucie, ne purent réagir efficacement contre cet état de choses. En 225 la Bactriane (arménien : Gouchan) se proclama indépendante avec un roi grec (*Théodote*).

Vers 250, un descendant de Darius III Cadoman fondait un royaume Parthe, c'est l'origine de la dynastie des Arsacides (Arsace, en sanscrit Khajarscha, roi des rois, Xerxès ; d'où le *chah* de Perse, le *padischah* turc).

Cet empire s'étendait jusqu'au Tigre. Seleucus Callinicus (247-235) essayait vainement d'arrêter son développement et était fait prisonnier.

Mithridate I (174-136) (*Mihr* = soleil, *date* = donner), l'Archak, le grand des Arméniens, régnait sur la Médie, l'Hyrcanie, l'Assyrie, la Mésopotamie, l'Atropatène (Aderbeidjane), de l'Araxe à l'Euphrate et à l'Indus. Il fut le vrai fondateur de l'empire Parthe que Rome ne put détruire, malgré des efforts répétés.

L'Arménie était alors sous la domination affaiblie des Séleucides : elle formait toujours deux états séparés l'Arménie Euphratienne, où on trouve des souverains du nom d'Archam ou Arsam, avec pour capitale Arsamosata ou Aschmouschet, sur l'Arzania (Mourad-Sou), entre Kharpout et Palou. Leur état appelé Arsamonitide, comprenait la Sophène, l'Akilisène et l'Enzit.

L'Arménie Araxienne, régie par des princes nommés Orontès ou Hrante comprenait la plaine de l'Araxe, le Chirag (rive droite de l'Arpa-tchai) et s'étendait jusque vers Mouch.

L'Atropatène et la région de Van restaient organisées en fiefs indépendants, avec des chefs descendant des anciens princes Ourartiens (*Aslan*).

Antiochus le Grand (222-186) essaya de relever l'empire séleucide, mis il dut donner à l'Arménie des satrapes nationaux qui se proclamèrent indépendants après sa défaite de Magnésie (187) (MANISSA, au nord-est de Smyrne) qui marque le début de la domination romaine en Asie.

La domination séleucide sur l'Arménie n'a laissé ni monuments ni inscriptions connus, sauf quelques monnaies ; elle paraît avoir été, comme la période perse qui l'avait précédée, une époque de prospérité et de développement (330-187) d'un siècle et demi. On ne connaît aucune écriture arménienne de cette époque.

E : — L'Arménie Independante

La victoire de Scipion l'Asiatique à Magnésie libéra l'Arménie du joug des Séleucides. Le souverain de l'Arménie euphratienne, Zariadès, Zareh, Zadriadès ou Zariadrès, se proclama roi ; son royaume se bornait à la Sophène et à l'Enzite. Le souverain de l'Arménie araxienne, Artaxias, entra dans la ligue des souverains d'Asie Mineure, formée par Rome, également comme roi. Il fonda pour sa capitale Artaxata ou Artaschat, sur l'Araxe, d'après les conseils d'Annibal réfugié auprès de lui (*Strabon*). Artaxias semble avoir étendu son royaume jusqu'à la Caspienne et à la Mer Noire et avoir eu une guerre malheureuse contre Antiochus Epiphane vers 165.

Les Arméniens avaient colonisé le pays aux sources de Lycus et de l'Halys qui prit alors le nom d'Arménie Mineure. Cette région fut conquise par Pharnace, roi du Pont, (190-156) qui créait un état puissant sur les bords de la Mer Noire.

Nous avons vu Mithridate I (174-136) accroître l'empire Parthe et lui faire prendre la place laissée vacante par la chute de l'empire Perse, dont il adopta les mœurs et les coutumes. Ses capitales furent Ecbatane, Babylone, Ctésiphon. Un de ses successeurs, Mithridate II le Grand (114-86), vainqueur des Scythes, essaya de conquérir l'Arménie araxienne, mais échoua devant la résistance de son roi Artavasde II (108). Après lui, l'empire parthe traversa une époque de confusion ; en même temps Rome attaquait le Pont ; débarassé de l'emprise de ses deux puissants voisins, l'état arménien allait traverser une époque de grandeur toute nouvelle.

Sous Artaxias et ses successeurs, l'influence ou la
prépondérance arménienne s'était étendue sur ses
voisins : Médie Atropatène (Aderbeidjan) ; Adiabène
(au sud de Van, sur les deux Zab) ; Oshroène, royaume arabe-grec de la rive gauche de l'Euphrate,
capitale Edesse ; Commagène (rive droite de l'Euphrate, en face de l'Oshroène).

Tigrane II le Grand (94-56) commença par
s'emparer de l'Arménie euphratienne, dont il tua le
roi ; il épousa la fille de Mithridate Eupator (123-63),
roi de Pont, l'inlassable adversaire de Rome ; cette
fille, Cléopâtre, intelligente, instruite, énergique,
apporta la civilisation grecque au milieu de la cour
orientale de son royal époux, qui prit le titre de Roi
des Rois. Tigrane II envahit la Cappadoce, dont il
chassa le roi, Ariobarzane, créé par Sylla (91). Sylla
revient, rétablit Ariobarzane. Mais en 90, les soldats
de Tigrane, profitant de la guerre sociale (90 - 88),
rentrèrent en Cappadoce, et chassèrent de nouveau
Ariobarzane. En 84 Sylla le rétablit encore une fois,
en même temps qu'il oblige Mithridate à la paix.

Pendant ces évènements, Tigrane avait poursuivi la destruction de l'empire parthe, dont le roi
Mithridate II venait de mourir (86). Il soumit la
Gordyène (Corduène, sur le Botansou), la Médie
Atropatène (Aderbeidjan), l'Adiabène (sud de Van,
sur les deux Zab), prit Ninive (Mossoul), où il plaça
un de ses frères ; il fit reconnaître sa suzeraineté par
les rois d'Ibérie et d'Albanie (Caucase).

Puis il se retourna vers l'ouest, occupa la Mélitène
(ouest de l'Euphrate), la Syrie septentrionale avec
Antioche (83), envahit la Cilicie et en déporta les
populations à Tigranocerta, sa nouvelle capitale, qui

ne fut jamais terminée et dont l'emplacement n'est
même pas exactement connu (peut-être Diarbékir ou
Mardine).

Entre temps, Sylla et Lucullus avaient battu
Mithridate dans sa seconde prise d'armes (75-72).
Chassé de ses états, il ne put se faire recevoir de son
gendre, qui continuait ses conquêtes ; la Phénicie
envoya des milliers de Juifs en Arménie ; tous ses
temples furent pillés. Lucullus qui venait d'écraser
Mithridate à Cabira (Sebaste, sur l'Halys), somma
Tigrane de lui livrer son beau-père. Le Roi des Rois
qui venait de prendre Ptolémaïs (Saint-Jean d'Acre),
refusa orgueilleusement.

Un an après, en 69, Lucullus ayant réuni une
armée de vétérans (12.000 fantassins et 3.000
cavaliers), traversa l'Euphrate, entra en Sophène et
menaça Tigranocerte. Le général arménien Mihr-
barzane qui essaya de l'arrêter, fut battu et tué.
Tigranocerta fut assiégée.

Accouru de la Syrie, Tigrane forma une armée sur
le plateau de Van, se réconcilia avec Mithridate, et à
la tête de cent mille (?) hommes se porta contre
l'ennemi. Lucullus l'attaqua le 6 octobre 69 avec
10.000 de ses vétérans, très peu de cavalerie, et le
battit complètement. Aussitôt Tigranocerta fut
pillée par les mercenaires grecs et ciliciens de sa
garnison et se rendit aux Romains. Les populations
qui y étaient déportées furent renvoyées dans leurs
pays. On ne sait plus où elle était ; le butin fut
immense. Les arméniens placent Tigranocerta près
d'Amid, ou Diarbékir ; d'autres auteurs la placent au
N.O. de Nissibine, et d'autres près de Martyropolis
(Meyerkakène).

Lucullus rétablit ensuite un Antiochus l'Asiatique comme roi de Syrie, un séleucide Antiochus comme roi de Commagène (rive droite de l'Euphrate, en face d'Edesse) soumit la Sophène, enleva Samosate (rive gauche de l'Euphrate) et vint passer l'hiver aux environs de Tigranocerta.

Mais Mithridate, malgré ses soixante ans, avait relevé tous les courages ; les pillages commis par Lucullus, qui avait enlevé la statue en or d'Anahit, qui ne donnait rien aux soldats et qui se montrait orgueilleux, fastueux, lui avaient aliéné même sa troupe ; le roi des Parthes, Phraate III, sollicité par les deux adversaires, préféra rester neutre. Il fallait agir ; car sur les conseils de Mithridate, des nuées de cavaliers entouraient les Romains sans jamais accepter la bataille.

A l'été de 68, Lucullus se porta sur Artaxata, redevenue capitale (sur l'Araxe). Mithridate et Tigrane acceptèrent la bataille sur l'Arzania (Mourad Sou) et furent complètement battus. mais ils purent se dérober (septemre 68). Le froid subit, une chute de neige, arrêtèrent les Romains : il y eut de nombreuses mutineries dans la troupe. Lucullus alla alors enlever par surprise Nissibine (Nisibe, Mdzpin, au sud-est de Mardine), où il fit un gros butin.

Pendant ce temps, Mithridate détruisait un corps de 7.000 Romains commandé par Triarius à Ziéla (Zilleh, au sud d'Amasia. sur l'Iris). Lucullus, dont les soldats réclamaient le retour en Italie, dut se contenter de dégager la petite garnison romaine laissée à Tigranocerta. Au printems de 66, il repassait l'Euphrate, tandis que Mithridate Eupator reconquérait le Pont et que Tigrane entrait en Cappadoce. Huit ans d'effort romain étaient annihilés.

Tigrane avait eu trois fils de Cléopâtre. Les deux premiers furent tués au cours de révoltes contre leur père ; le troisième, nommé aussi Tigrane, s'était également soulevé, mais put s'enfuir à Ctésiphon chez le roi des Parthes, Phraate III (68-58), dont il avait épousé la fille, et qui se déclara en faveur de Rome sur la promesse de la Mésopotamie.

Dès l'année suivante Pompée arriva en Asie comme Imperator, réunit 50.000 hommes en Galatie, se porta sur le Lycus (Iékil Irmak), attaqua pendant la sieste les troupes de Mithridate engagées dans des défilés, et fortes de 30.000 fantassins et 3.000 cavaliers, et les détruisit complètement à l'emplacement où il éleva Nicopolis. Mithridate s'enfuit presque seul et chercha à rejoindre Tigrane.

Mais celui-ci était lui-même réfugié dans les montagnes, tandis que Phraate III bloquait Artaxata, qu'il ne put emporter et où Tigrane put rentrer.

Peu après, Pompée marcha sur Artaxata ; il en était à 15 milles quand Tigrane vint faire sa soumission : il abandonnait Mithridate et renonçait à la Phénicie, à la Syrie, à la Cilicie, à la Cappadoce, à la Sophène et à la Gordyène ; il payait 6.000 talents d'or (33 millions).

Le Pont, la Cilicie, la Syrie devenaient provinces romaines ; en 64, Pompée enleva à Phraate III la Mésopotamie du Nord et la Gordyène et les rendit à Tigrane. Il constitua en royaumes vassaux de Rome l'Oshroène (Edesse) avec la dynastie arabe des Abgar, et la Cappadoce qui comprit la Sophène au delà de l'Euphrate sous le roi Ariobarzane, allié fidèle de Rome ; enfin il créa un royaume d'Arménie Mineure en faveur du chef gaulois Déjotare ainsi que nous l'avons déjà dit. Pompée dirigea encore des

expéditions contre les Albaniens qu'il rejeta au delà
du Kour (Kyros), et les Ibères du roi Artocès qu'il
refoula au delà de Pelorus (affluent de droite du Kyros).
Ces tribus se soumirent et les limites romaines
s'étendirent jusqu'au Caucase.   Il y a encore sur
l'Araxe des ponts de Pompée.

En même temps qu'il créait en Asie Mineure neuf
villes de vétérans, il réduisait les pirates ciliciens.

C'était la fin d'une longue lutte qui avait causé de
graves soucis aux Romains.   Les pirates ciliciens
ravageaient les îles et les ports, pillaient les temples.
Ils avaient dés vaisseaux magnifiques, aux rames
argentées, aux tapis de pourpre. A terre, ils passaient
leur temps dans les fêtes et l'ivresse.   Les villes
devaient se racheter pour éviter le pillage ; ils avaient
plus de mille vaisseaux   Ils avaient pillé les temples
de Claros, de Didyme, de Samothrace, de Cérès à
Hermione, d'Esculape à Epidaure, de Neptune dans
l'isthme de Corinthe, à Ténare et à Calamie, d'Apollon
à Actium et à Leucade, de Junon à Argos et à
Lacinie.   Ils avaient une religion mystérieuse
avec sacrifices humains ; leurs repaires étaient en
Cilicie, en Cappadoce et en Crète.

Ils osèrent venir attaquer Ostie, dont ils pillèrent
les navires, et intercepter les bateaux de grains de la
Sicile destinés aux Romains. Ils furent les alliés de
Mithridate Eupator, l'inlassable adversaire de Rome.

En 78, Publius Servilius commença contre eux une
guerre de trois ans où il prit nombre de villes en
Pamphylie, Lycie et Cilicie, notamment Olympos, où
le pirate Zénicétus se brûla avec sa famille.   Servilius
reçut le titre d'Isaurique.

Le préteur Marc Antoine, père du futur triumvir, lui succéda sans grand résulat (75-73).

En 72, le consul Q. Cecilius Metellius fit une campagne en Crète, peu décisive, et reçut le titre de Créticus. Enfin le tribun Gabinius fit voter la loi Gabinia qui investit Pompée du pouvoir dictatorial en Méditerranée pour trois ans, malgré l'opposition de Catulus.

Pompée entama une campagne décisive contre les pirates et conquit la Cilicie.

Il faisait grâce aux prisonniers qui se soumettaient volontairement et s'en servait pour trouver et détruire les plus compromis. Finalement les derniers pirates réunirent leur flotte devant Coracésium; Pompée vint les y attaquer, les battit complètement et les obligea à se rendre à discrétion. Cette dernière guerre n'avait duré que 40 jours(67) et termina définitivement la lutte. 10.000 pirates avaient été passés au fil de l'épée, 300 forteresses détruites, 20.000 prisonniers. Il peupla avec ces derniers les villes de Mallus, Adana, Epiphanie, Soli, Mazaka, Dyme en Achaie, etc... Soli prit le nom de Pompéiopolis.

Il institua Ariobarzane roi d'une partie de la Haute Cilicie et Tarcondimotus roi de l'autre. La basse Cilicie, partie fertile, devint province romaine avec successivement comme gouverneurs Appius, Claudius Pulcher et le grand Cicéron. (*Langlois.*)

On ne peut que s'incliner devant l'admirable activité de Pompée, qui a fait l'Asie Romaine, renversant le régime établi par la conquête macédonienne. De la Méditerranée au Caucase on retrouve des traces de l'organisation puissante donnée par Pompée et que ses successeurs n'eurent plus en grande partie qu'à parfectionner.

Le règne de Tigrane représente la partie la plus brillante de l'histoire arménienne : elle fut éphémère; ce n'est d'ailleurs que grâce à l'affaiblissement momentané des Parthes à l'est, et des Romains occupés par leurs guerres civiles et par Mithridate à l'ouest, qu'elle a pu se produire.

L'Arménie va maintenant se trouver prise dans la lutte de Rome contre les Parthes (54 avant J.-C. à la destruction de l'Empire Parthe par les Sassanides en 226 après J.-C.).

F :—L'Arménie entre Rome et les Parthes.

La dynastie arménienne d'Artaxas, dont Tigrane II fut le plus brillant représentant, s'éteindra dans les premières années de notre ère (54 avant à 10 après).

Le premier triumvirat avait été constitué à Rome en 60, entre Jules César, Pompée et Crassus. Pendant que le premier allait conquérir les Gaules (59-51), Marcus Crassus était envoyé en Syrie pour s'attaquer aux Parthes, le seul adversaire de Rome resté debout en Orient.

Il s'embarqua à Brindes (Brindisi) en novembre 54 avec sept légions, aborda à Dyrrachium (Durazzo), prit la via Ignatia à travers l'Epire, la Macédoine, la Thrace, franchit l'Hellespont, traversa l'Asie-Mineure et arriva sur l'Euphrate (*Tournebize*).

A cette époque le fils de Tigrane, Artavazde III (54-36) lui avait succédé.   Il rejoignit Crassus avec 6.000 cavaliers arméniens.   Orodès I (54-36) était alors roi des Parthes.

Crassus alla d'abord occuper Nikephorion (qui fut Kallinikon, Léontopolis, et est actuellement Rakkah, qui fut un moment capitale de Haroun al Rachid, sur la rive gauche de l'Euphrate), puis rentra en Syrie pour hiverner.

Artavazde proposa à Crassus de gagner Ctésiphon par le territoire arménien.   Le triumvir, probablement trompé par le roi arabe de l'Oshroène, Abgar II (68-53), qui lui offrait le passage par Edesse (Ourfa) et Karrhoe (Harran), décida de passer par le désert. Il franchit l'Euphrate à Zeugma (Biredjick) avec 7 légions (35.000 fantassins), 4.000 soldats légers et 4.000 cavaliers (53).   Il refusa même d'écouter Cassius qui lui conseillait de créer une flotille sur l'Euphrate, et marcha sur Karrhoe.   Arrivé dans la région du Nahr Belik (Balissos), il fut abandonné d'Abgar et de ses cavaliers : attaqué peu après par les Parthes, son armée fut détruite et ses aigles prises. Il se retira avec les débris de ses troupes, mais tomba dans un guet-apens et fut massacré (53).   Il avait soixante ans.   10.000 prisonnies romains furent incorporés dans l'armée parthe.   A peine 8.000 hommes repassèrent l'Euphrate.   Le roi d'Arménie s'allia aussitôt aux Parthes et maria sa sœur au fils du roi, Pacorus.

Pacorus, à la tête d'une armée parthe et arménienne, poussa jusque sous Antioche (51) qu'il assiégea inutilement.   Il fut tué au nord-est d'Antioche dans un combat contre les romains (38), après une longue série de luttes.

La mort de Crassus avait précipité la rupture entre Pompée et César, qui se termina à Pharsale (48). Octave, Antoine et Lépide formèrent le deuxième triumvirat en 43. Tandis que Pacorus était battu et tué (38), Publius Canidius Crassus soumettait les Arméniens, les Ibériens (roi Pharnabaze) et les Albains (roi Zober). Enfin Hérode était installé roi de Judée, après qu'Antoine eut fait tuer le dernier des Macchabées, Antigone (38-35).

La situation était ainsi déblayée, quand Antoine arriva (36) en Asie avec une armée formidable composée de 16 légions, soit 70.000 romains, 40.000 auxiliaires, 10.000 gaulois et espagnols et 6.000 cavaliers arméniens. Artavazde roi d'Arménie, en effet, l'avait aussitôt rejoint avec son contingent.

Phraate IV (36-1) venait de se faire proclamer roi des Parthes après avoir assassiné son père, ses 18 frères et son fils aîné, que le roi précédent tenait toujours enchaînés auprès de lui.

Antoine résolut de marcher sur Ecbatane (Hagmatana, Hamadan) qu'il considérait comme le centre de l'empire parthe. Il traversa l'Arménie, entra en Médie Atropatène et assiégea Phraaspa (Praaspa, Phraata), ville au sud-est de l'Atropatène, à mi-distance sur la route de Tabriz à Ecbatane. Mais son équipage de siège (300 chariots) escorté par deux légions fut détruit par la cavalerie parthe et par les soldats du roi de la Médie Atropatène, Ardavazt, fils d'Ariobarzane (*Tournebize*). Aussitôt le roi d'Arménie se retira avec ses cavaliers.

Antoine dut alors se décider à la retraite. Mais il était à plus de 300 kilomètres de l'Araxe qu'il mit 27 jours à atteindre, perdant 24.000 légionnaires.

Il continua sa marche sur Antioche de Syrie, sans arrêt, perdant encore 8.000 hommes, notamment par le froid. Deux ans après, Antoine revint d'Egypte, se porta à Nicopolis et marcha sur Artaxata (34). Artavazde s'empressa d'aller à sa rencontre, mais il fut arrêté et envoyé à Cléopâtre, qui le fit tuer aussitôt qu'elle connut la bataille d'Actium, pour supprimer un rival d'Alexandre, fils qu'elle avait eu d'Antoine (31) ; cet Alexandre avait épousé Iotape, fille du roi d'Atropatène, Ardavazt, qui avait rendu à Antoine, en signe d'amitié, les aigles romaines qu'il avait prises en 36, et en avait reçu le pays de l'Araxe. En sorte qu'à la suite de la dernière campagne d'Antoine, l'Arménie se trouva divisée en trois royaumes :

l'Arménie araxienne, abandonnée à Ardavazt, roi d'Atropatène ;

l'Arménie Mineure, abandonnée à Polémon, roi du Pont, qui avait épousé Pythodoris, nièce d'Antoine :

l'Arménie centrale, avec Alexandre, fils d'Antoine et de Cléopâtre, comme roi.

Les Parthes avaient alors comme roi Phraate IV (36-1). Celui-ci grâce à la lutte entre Auguste et Antoine put facilement battre le roi d'Atropatène et installer comme roi de l'Arménie araxienne un fils d'Artavazde III, échappé à Antoine, Artaxès ou Artaxias III (33-32), qui fit massacrer tous les romains et chassa Alexandre.

Auguste passa en Orient en l'an 20 ; il ne disposait que de 40.000 hommes et dut par suite se borner à une vigoureuse action politique. Polémon fut confirmé dans sa possession de l'Arménie Mineure. Un parti romain se forma en Arménie ; il se souleva contre

Artaxès qui fut assassiné, et proclama roi des rois son jeune frère Tigrane III (20-5), élevé à Rome, et appuyé par une armée romaine commandée par Tibère, fils d'Auguste et alors âgé de 22 ans. L'Atropatène fut enlevée à l'Arménie et érigée en royaume particulier en faveur d'un mède élevé à Rome, Ariobarzane, fils d'Ardavazd (Ardavast). Le roi des parthes, Praate IV, fit sa paix avec Rome, rendant les captifs encore vivants et les aigles des armées de Crassus et d'Antoine.

A la mort de Tigrane III (5 après J.-C.), il fut remplacé par son fils Tigrane IV, auquel il avait fait épouser sa fille Erato, suivant la coutume zoroastrienne ; Tigrane IV avait été proclamé par le parti parthe sans l'aveu de Rome. Le parti romain proclama Artavazde IV (5-2). Mais Phraate IV appuie Tigrane IV qui est détrôné et réinstallé deux fois (2-1 avant notre ère) et est tué finalement dans un soulèvement.

A la fin, Auguste envoie son fils adoptif Caius César, âgé de 20 ans, qui intronise roi Ariobarzane le Mède (1ʳᵉ année de notre ère, 754 de Rome). Mais Caius César est assassiné par un parthe ; Ariobarzane lui-même meurt peu après et est remplacé par son fils qui est également assassiné. Auguste aurait envoyé alors un Tigrane V (*Aslan*). Puis on retrouve la reine Erato, rappelée, détrônée de nouveau, rappelée encore (an 10).

La Maison Arménienne d'Artaxias disparaît ainsi après avoir duré deux siècles (190-10 après). L'Arménie va être gouvernée pendant 177 ans (16-193) par des rois nommés tantôt par Rome, tantôt par les Parthes. On ne connaît de son histoire pendant cette période que les luttes de ses deux puissants voisins.

Les empereurs de la maison d'Auguste (Tibère, Caligula, Claude, Néron) allaient régner de 14 à 68; les Flaviens (Vespasien, Titus, Domitien) de 69 à 96, puis les Antonins (Nerva, Trajan, Hadrien, Antonin, Marc-Aurèle, Commode) de 96 à 193 leur succédèrent. La fin de ces dynasties concorde avec la fondation de celle des Arsacides Arméniens (193).

On voit d'abord comme roi d'Arménie (16) un certain Vonone, fils de Phraate IV, élevé à Rome, un moment roi des Parthes, puis chassé d'Arménie; Germanicus, envoyé par Tibère en Asie, annexa la Cappadoce et la Commagène (17) dont il envoya le roi Archelaüs à Rome; puis, appuyé par le parti romain arménien, il couronna à Artaxata, Zénon, fils de l'ancien roi du Pont, Polémon. Le nouveau roi prit le nom d'Artaschès ou Artaxias (18-34).

Artaban III, roi des Parthes, (14-44) crut pouvoir profiter de la vieillesse de Tibère confiné à Caprée pour proclamer roi d'Arménie, à la mort de Zénon, un de ses fils, Arsace. Lucius Vitellius, envoyé par Tibère, sut liguer tout le monde contre Artaban III qui dut en 36 faire acte de vassalité, donner son fils Darius en otage et reconnaître pour roi d'Arménie le candidat romain, Mithridate l'Ibère, frère du roi d'Ibérie, Pharasmane (35-60).

Caligula appela Mithridate l'Ibère à Rome et le déposa. Artaban III en profita pour établir la domination parthe sur l'Arménie. Mais Claude, utilisant les dissensions des fils d'Artaban se disputant la

succession de leur père (Vardanès ou Vardane contre
Gotzarès ou Cotarle), replaça Mithridate l'Ibère en
Arménie (44).

En 46, Rhadamiste, fils de Pharasmane I, roi
d'Ibérie, assassina son oncle le roi Mithridate l'Ibère
avec la complicité payée de certains gouverneurs
romains et se proclama roi d'Arménie (46-53). On
constate à cette époque la présence permanente d'une
garnison romaine près d'Erivan. Le roi des Parthes
était à ce moment Valarse I (50-90) (Vologèse I ou
Arsace XXII ou Darius) qui fit proclamer roi
d'Arménie son frère Tiridate I ou Tirite (53-59).
Rhadamiste fut battu et chassé auprès de son père qui
le fit tuer ; l'Arménie était de nouveau parthe.

Cependant Néron était devenu empereur à 17 ans
(54-58). Il envoya en Asie un soldat habile et
vigoureux, Domitius Corbulon. Celui-ci se porta sur
l'Euphrate et s'occupa de créer une armée solide, car
les légions syriennes étaient très médiocres. Il en
profitait pour s'assurer de l'appui de la Petite Arménie,
de la Sophène et de la Commagène, alors états semi-
indépendants. En 58, à la tête de 30.000 hommes,
Corbulon vint s'installer en Grande Arménie. En 59
il alla assiéger Artaxata, en prenant sa ligne de
communication sur Trapezonte, la prit et la détruisit.
Il alla ensuite soumettre Tigranocerta, redevenue
grande ville, qui ouvrit ses portes.

Corbulon proclama enfin roi d'Arménie Tigrane
IV, élevé à Rome, apparenté à un roi d'Arménie
précédent (60-64). Mais le roi des Parthes vint
assiéger le nouveau souverain dans Tigranocerta, où
il y avait garnison romaine (1.000 légionnaires 4.000

auxiliaires). Corbulon envoya Poetus avec deux légions au secours de la ville : cette colonne de renfort fut cernée sur les bords de l'Arzania (Aradzani, Mourad Sou). Corbulon se porta en hâte sur l'Euphrate, put recueillir ses légions, mais dut évacuer l'Arménie.

En 61. Poetus, légat de Cappadoce, traversa l'Euphrate avec les deux légions syriennes, près de Mélitène, mais bloqué de nouveau par la neige et l'ennemi auprès d'Arsamosate et de Rhandée (près de Kharpout), il capitula, alors que Corbulon, ayant réuni à Zeugma 5.000 hommes, marchait à son secours et n'était plus qu'à trois jours de lui.

Au printemps de 63, Corbulon, nommé commandant de toutes les troupes, se trouva à la tête de sept légions. Il se porta à Mélitène avec quatre d'entre elles, franchit l'Euphrate et vint se poster en face de l'armée parthe campée autour d'Arsamosate (entre Kharpout et Palou). Là, au lieu de combattre, il conclut la paix avec les Parthes : Tiridate était reconnu roi d'Arménie par Rome, mais il irait se faire couronner par Néron (64). En 66, en effet, escorté de 3.000 cavaliers, Tiridate alla par terre à Rome, fut reçu magnifiquement par Néron et par le Sénat et rentra en Arménie tout acquis aux romains. Il rebâtit Artaxata à la mode romaine et l'appela Neronia. Une garnison romaine fut installée dans la Sophène.

Pendant la lutte pour l'empire entre Vitellius et Flavius Vespasien, les Parthes et les Arméniens prirent parti pour Vespasien. Malgré cette attitude, celui-ci annexa la Commagène, porta les forces romaines en Asie à 7 légions, dont 4 en Syrie et

Commagène et 2 en Cappadoce. Il établit une garnison romaine à Harmozica à 8 kilomètres au nord de Tiflis, ce qui n'empêcha pas les Alains de ravager l'Arménie en 72-75, sans que les Romains fissent effort pour la protéger.

A la mort du roi Tiridate, Trajan avait accepté comme son successeur au trône d'Arménie, Ashkatar (Axidarès ou Exedarès), prince parthe ; le roi des Parthes, Khosroès (108-121) lui substitua un autre de ses neveux, Barthamassir ou Parthomassiris, vers 109 ou 112. Trajan répondit en lui déclarant la guerre et arriva à Antioche en janvier 115. Il réforma les troupes de Syrie, très médiocres, se renforça de plusieurs légions de Pannonie (région de la Drave et de la Save), passa l'Euphrate, reprit Samosate et par Satala (Sadagh, sur le haut Lycus) se dirigea sur Artaxata. Barthamassir vint lui offrir sa soumission à Elégée (Elégia, aujourd'hui Ilidja, à l'ouest d'Erzeroum, sur le Kara Sou). Mais il fut tué par les soldats romains (vers 114 ou 116).

Trajan installa un gouverneur romain en Arménie, soumit les tribus du bord de la Mer Noire, les Alains, les Ibères, même les Sarmates du nord du Caucase, puis passa l'Araxe ; il reçut ensuite comme vassal le roi d'Edesse, Abgar VII, et profitant de ce que le roi Khosroès ou Chosrau des Parthes était aux prises avec un rival dangereux, Manisare, il enleva Batna (60 kilomètres au sud-ouest de Harran, à l'est de . l'Euphrate), Nisibe, Singar (Sinjar, à l'ouest de Mossoul, dans les montagnes du même nom) et proclama la Mésopotamie province romaine. Il passa l'hiver (115-116) à Antioche où il perdit beaucoup de monde par le tremblement de terre du 13 décembre qui fut un désastre. Au printemps de 116, il soumit la Gordyène, sud du Botan Sou ou Tigre Oriental l'Adiabène (région des Zabatos ou Zabatus, les Zab actuels) et en forma une province romaine d'Assyrie.

Une flotte romaine descendit alors l'Euphrate ; au point le plus rapproché du Tigre, elle fut portée par voie de terre (la distance est actuellement de 35 kilomètres). Séleucie et Ctésiphon furent prises et Trajan poussa jusqu'au golfe Persique où il s'empara de Kharax Spanisou, le port du Tigre.

Mais un soulèvement général parthe et arménien avait été organisé pendant le temps de cette dernière opération ; les garnisons romaines de Séleucie et de Syrie, Nisibe et Edesse, furent chassées ou tuées et une légion fut détruite en Mésopotamie. Cependant Trajan parvint à diviser ses ennemis, à renforcer le parti romain en Arménie et chez les Parthes sous la direction d'un prétendant au trône parthe, Parthamaspates. Il fit détruire Séleucie (en face de Zeugma), reprendre Nisibe ; il couronna roi des Parthes à Ctésiphon, Parthamaspates (117), rentra en Syrie après avoir échoué au siège de Hatra (Atré ou Hadr) en Mésopotamie, et mourut le 7 août alors qu'il préparait une expédition contre les juifs révoltés.

Hadrien qui lui succéda (117-138) abandonna la politique d'annexion de Trajan et reprit la politique de protectorat inaugurée par Corbulon. Il reconnut Khosroès comme roi des Parthes et rendit à l'Arménie une semi-indépendance avec un roi de race parthe, mais avec des garnisons romaines. Toute cette période est assez mal connue et l'objet de discussions entre auteurs.

Antonin le Pieux (138-161) continua la même
politique. Les Parthes étaient alors gouvernés par
Valasse III (Vologèse III) (149-191) qui avait succédé
à Valarse II (121-149). Cette période est marquée
par une nouvelle invasion des Alains (135) qui ravagèrent le pays jusqu'à la Cappadoce romaine et se
retirèrent devant les romains, tout en ayant obtenu
une rançon des parthes.

Mais Antonin le Pieux ayant donné le trône
d'Arménie, devenu vacant, à Soyèmus, ou Sohèmus
(159-161), de la famille royale d'Édesse, à la mort de
de cet empereur une armée parthe envahit l'Arménie ;
le légat romain de la Cappadoce, Aelius Severianus,
marcha à sa rencontre.   Il fut battu et tué en Akilisène, à Elégia (ouest d'Erzeroum).   L'Arménie
était de nouveau parthe (161-163).   Sohèmus se
réfugia à Rome, les vainqueurs entrèrent en Cappadoce et en Syrie.

Marc-Aurèle (161-180) envoya en Orient des
forces importantes sous les ordres de Licius Verus.
Priscus s'empara d'Artaxata et la détruisit (163).
Il fonda à côté Vagharchavan ou Vagharchabad qui
eut une forte garnison romaine en 185.

En 164, Martius Verus replaça Soyèmus sur le
trône d'Arménie. Valarse III ayant été battu au
sud d'Edesse et cette ville prise, Avidius Cassius
s'empara de Séleucie, de Ctésiphon, de Babylone,
mais revint en Syrie avec une année décimée par la
peste. La paix fut conclue en 166 ; la Mésopotamie
restait province romaine : l'Arménie et l'Oshroène
furent royaumes vassaux de Rome. Soyèmus étant
mort vers 166, fut remplacé par un nommé Sanatrouc,
de la famille arabe des Abgar d'Edesse et qui régna

27 ans sous le protectorat romain.   On ne sait rien
de lui, sinon qu'il fonda la ville de Mzour, (confluent
des deux Euphrates), qu'il fut l'allié de Rome et que
les seigneurs du parti parthe l'assassinèrent en 193.

Artaban IV (192-207) (Valarse IV, Vologèse IV)
étant devenu roi des Parthes en 191 (en 194 suivant
Tournebise), prit parti pour Pescennius Niger, candidat
arabe à l'empire, dans sa révolte contre Septime
Sévère, envahit la Mésopotamie et continua la guerre
après la mort de Niger ; le parti parthe avait assassiné
le roi Sanatrouc d'Arménie et avait repris la prédo-
minance dans ce pays (193).

Mais Sévère arriva en 195, rétablit en province
romaine, avec Nisibe pour capitale, la Mésopotamie
entre le Tigre et l'Euphrate ; il essaya en vain de se
concilier les Parthes en leur cédant une partie de
l'Arménie.   Ceux-ci profitèrent d'un éloignement
momentané de l'empereur romain pour venir assiéger
Nisibe.   En 198-199, Septime Sévère renouvelle
alors l'expédition de Trajan : flotilles sur l'Euphrate,
prise de Séleucie et de Ctésiphon ; il détruit ces villes
et en ramène cent mille captifs.   Mais au retour, lui
aussi échoue devant Hatra (Atré), malgré 20 jours
d'assauts et après que ses machines de guerre ont été
brulées par les habitants, probablement avec du bitume.
La Mésopotamie restait province romaine et l'Arménie
vassale de Rome, mais elle gardait son roi nouveau,
dont les successeurs allaient constituer la dynastie
des Arsacides arméniens (193-197).

Un des parents du roi des Parthes nommé Valarse
(Arsace ou Archac, du sanscrit et du zend Kehajargha-
Xerxès, titre générique des rois parthes (*Aslan*),

avait profité des premiers succès des parthes pour se faire reconnaître roi d'Arménie. Il descendait de la dynastie Pahlavi de Bactriane qui s'était créé un état grec indépendant en 126 avant notre ère et qui s'était emparé du trône parthe en 14 après J.-C. avec Artaban III. Malgré son origine, dès l'arrivée de Septime Sévère en Asie, en 197, il se rangea du côté de Rome et aida à la campagne de Ctésipon, qui livrait la capitale parthe aux Romains pour la troisième fois en un siècle.

Septime Sévère, bien qu'il fut africain de race, (probablement berbère) et que nous connaissions surtout, comme pour Trajan, son rôle en Afrique, est le fondateur de la dynastie des empereurs syriens (193-325), parce qu'il épousa une syrienne Julia Domna. Cette dynastie comprend Caracalla (211-217), Macrin (217-218), Héliogabale (218-222), Alexandre Sévère (222-235) et est suivie de 33 ans d'anarchie militaire.

Les Parthes avaient pour roi, depuis 209, Valarse V (Vologène V) qui se disputait la couronne avec un de ses frères Artaban V (216-226), lequel finissait par le remplacer et devait être le dernier roi de cette nation. Une réaction perse, aidée par les adorateurs du feu, allait créer une nouvelle dynastie, celle des Sassanides qui devaient lutter contre Rome avec une vigueur nouvelle.

Pendant que l'empire parthe marchait ainsi à sa ruine, faute d'avoir pu créer l'unité nationale en faisant disparaître les chefs féodaux et les dignitaires héréditaires, comme par exemple le chef héréditaire de l'armée, Caracalla annexait l'Oshroène (216), se

faisait livrer par les Parthes le roi d'Arménie Valarse
et sa famille et supprimait l'indépendance arménienne,
revenant à la politique d'annexion de Trajan.   Mais
les arméniens se révoltèrent et battirent les légions
romaines de Théocridis ; Caracalla rêvait de réunir
sous sa domination Rome et les Parthes ; il conquit
l'Adiabène (pays des deux Zab), détruisit les tombeaux
royaux parthes d'Arbelles (Erbil, sur un affluent
méridional du Grand Zab).

Il fut assassiné à Edesse par le Préfet du prétoire
Macrin (8 Avril 217), qui se fit proclamer empereur,
mais qui après une défaite à Nisibe dut conclure la
paix avec Artaban V, moyennant une forte indemnité
(50.000.000 de francs, *Tournebize*).   Rome gardait
la Mésopotamie, et l'Arménie restait un royaume
vassal de l'empire sous Tiridate II, fils de l'ancien roi
Valarse, auquel Macrin envoya une couronne d'or.

Le règne de Valarse a laissé une grande impression
parmi les historiens de l'Arménie.   On lui attribue la
rédaction d'un code civil et militaire (*Chahnazarian*).
Il paraît avoir réorganisé l'aristocratie féodale arménienne sur le modèle de celle des Parthes.   Il créa
notamment, à la mode perse antique, un surintendant
des campagnes et des revenus du sol (Hazarapet) ; il
introduisit l'année solaire perse. avec la fête du
Navasard (jour de l'an) qui se célébrait à Pakavane
ou Bagavan (séjour des dieux) Pakvane, Pakovane,
ville du Pakrevant ou Bagrevandène, dans l'Ararad.
Il éleva de nombreuses constructions, notamment
Valarsapat ou Vagharchabab (25 kilomètres au sud-
ouest d'Erivan) qui fut la capitale arsacide.

Son nom, Vagharce ou Valarse, vient de *bogh*,
dieu en slavon, ou Bal, Belius, dieu en chaldéen ; la

terminaison Archak ou Arsace signifie roi : Dieu-Roi.
Sous son règne et celui de son fils, des familles
féodales guerrières venant de l'est s'établirent dans
le pays, où le roi leur constitua des fiefs.   Les plus
connues sont les Mamigoniens (descendants de Mam-
koun) qui seraient d'origine chinoise (Djénasdan) et
qui vont jouer un rôle guerrier considérable dans
l'histoire arménienne.

G : — L'Arménie pendant la lutte entre Rome et les Sassanides Perses (227-652). Le Christianisme et le Mazdéisme.

L'invasion de l'influence grecque et en particulier
des religions grecques parmi les Parthes amena une
réaction politique et religieuse. Ardéschiz ou Ardachiz
le Sassanide (descendant de Sassan), chef féodal de la
région de Persépolis (Istakhr) en prit la tête, avec
l'appui des mages et des adorateurs du feu.   Il battit
le dernier roi parthe Artaban V, le tua (224), et prit
le titre de Roi des Rois.

La famille royale arménienne appartenant à la
dynastie déchue des Parthes, ayant les idées religieuses
du peuple vaincu, l'Arménie fut donc aussitôt attaquée
par Ardachiz ; mais ses premières tentatives furent
vaillamment repoussées (229). Les Perses se retour-
nèrent alors contre les provinces romaines et assié-
gèrent Nisibine (231).   Ardachiz somma Rome de
lui rendre les anciennes provinces de l'empire perse
de Darius, dont il se proclamait le successeur.

Dès 232, l'empereur Alexandre Sévère arriva en
Syrie avec des forces nombreuses.   Il forma trois
armées : la première, à travers l'Arménie, alla envahir
la Médie avec l'appui de Tiridate II, des Alains, des
Albaniens, des Huns ; elle fit un butin considérable,

mais n'obtint pas de résultats militaires ; les deux autres envahirent la Mésopotamie; elles furent battues, mais les Perses épuisés ne purent les poursuivre.

L'Arménie s'estima tellement dégagée par ces opérations que Tiridate accepta d'envoyer un corps auxiliaire à l'armée de Maximin, engagée contre les Germains (236).

Le fils et successeur d'Ardachiz, Sapor I (Shapouh des arméniens), (242-272), d'abord associé à son père, puis régnant seul, profitant de l'anarchie militaire qui suivit le règne d'Alexandre Sévère (assassiné en 235) s'empara de Nisibine et de Carrae (Carrhes, Harran), en Mésopotamie en 238, et parut devant Antioche.

Gordien III débarqua en Syrie et sa marche sur Séleucie (en face de Ctésiphon sur le Tigre) s'annonçait favorablement, les Romains avaient battu Sapor à Resaïna (sur le Chaboras, entre Carrhes et Nisibine), lorsque Gordien fut assassiné par Philippe l'Arabe (244-249), qui fit la paix avec Sapor en lui abandonnant l'Arménie et la Mésopotamie, mais le roi perse ne s'estima pas assez fort pour chasser Tiridate II, qui continua à régner.

Ce n'est que vers 251, que les Perses envahirent de nouveau la région romaine d'Antioche ; l'année suivante ils parurent en Arménie, où un parti perse s'était formé. En 253, ils s'emparèrent d'Artavasda, capitale de Tiridate II, qui dut s'enfuir chez les Romains, laissant toute sa famille entre les mains de l'ennemi. Sapor I nomma roi de l'Arménie Ardavazt (Artabasde ou Artavasde). Le culte du feu fut imposé et propagé par tous les moyens.

L'empereur Valérien (253-260) essaya de débloquer Édesse assiégée par les Perses, mais il fut battu et pris par Sapor et cet évènement est commémoré sur de multiples monuments des villes de Perse : on voit Sapor à cheval et Valérien courbé et agenouillé devant lui.

Cependant Sapor, n'ayant pu prendre Edesse, alla détruire Antioche, puis Césarée ; mais sa retraite fut pénible, car il dut abandonner son butin pour payer son passage en Oshroène. Enfin, le roi de Palmyre, Odenath, se déclarant pour l'empereur romain Gallien, débloqua Edesse, battit Sapor et arriva devant Ctésiphon (261), capturant les femmes et les trésors du Grand Roi. Aussitôt les Arméniens, partisans de Rome, proclament roi Chosrau, frère de Tiridate II. Mais Chosrau est assassiné par les partisans des Perses, avec toute sa famille, sauf son fils Tiridate qui est emporté en territoire romain.

Les successeurs de Sapor I furent sans éclat ; Rome était en proie à l'anarchie et à l'invasion des Barbares. Pendant cette période l'Arménie reste sous la domination perse (272-293).

Septimius Odena ou Odenath, roi de Palmyre, ayant été assassiné à Emèse (266), sa veuve Zénobie (Zebba) agrandit ses conquêtes en Egypte et en Asie Mineure, et secoua le joug de Rome.

L'empereur Aurélien (270-275) qui avait restauré l'Empire et battu les Goths et les Alamans, arriva en Asie en 273, marcha sur Palmyre qu'il détruisit ; les Arméniens dans cette lutte avaient pris parti pour Rome en grande majorité. Après son assassinat, ses successeurs, Tacite (septembre 275 - février 276), Probus (276-282), continuèrent sa politique en Asie. Bahram II (276-293) envoya une ambassade à Probus en 279 : embarrassé par le manichéisme, Bahram était hors d'état de profiter des invasions des Goths et des Alains pour reprendre la lutte contre Rome.

Enfin l'empereur Marcus Carus (282-283), à la tête d'une forte armée romaine, se portait sur Séleucie et Ctésiphon qu'il détruisait, mais où il mourait subitement.   Les Perses n'en étaient pas moins mis hors de cause pour plusieurs années.

Dioclétien (284-305), se rendant compte de l'impossibilité de gouverner l'empire romain, le divisa (tétrarchie) ; deux empereurs d'Occident (Maximien) et d'Orient (Dioclétien), deux Césars (Constance-Chlore et Galère).

Dioclétien plaça sur le trône d'Arménie Tiridate III (287-330), fils de Chosrau, jeune homme de vingt ans, élevé à la romaine, auquel on attribuait la capture du roi des Goths qui avaient envahi l'Asie Mineure sous Probus.

Cependant un nouveau roi perse, Narseh I (Nerseh, Narsès, 293-303), se trouva en situation de reprendre les conquêtes de Sapor I.   Il chassa Tiridate III d'Arménie, l'obligea à se réfugier en territoire romain, et franchit le Tigre.   Mais Dioclétien lui opposa l'armée du César Galère ; celui-ci repoussa les Perses et reprit le chemin de Ctésiphon par la route suivie par Crassus : le résultat fut le même. Tiridate III dut traverser l'Euphrate à la nage pour échapper à la poursuite perse, après le désastre de l'armée romaine, qu'il accompagnait avec un contingent arménien.

Dioclétien vint en personne, reconstitua une armée, se porta sur l'Euphrate, tandis que Galère,

précédé de la cavalerie arménienne de Tiridate III,
entrait en Arménie, et, dans une attaque de nuit,
s'emparait du camp de Narseh, qui s'enfuyait blessé et
seul, abandonnant ses femmes et ses tentes (297).

Narseh I dut alors accepter la paix. Il restituait
à l'Arménie la haute vallée du Tigre, c'est-à-dire les
cinq provinces de :

Arzanène (ou Aghtzniq), entre le Batman Sou et la
    rivière de Bitlis,
Moxuène (ou Mogk, Moks) au sud du lac de Van,
    au nord du Botan Sou,
Zabdiène (ou Zabdicène) à l'est de Nisibine,
Rihimène (ou Rahimène), en face de l'Arzanène, au
    sud du coude du Tigre,
Gordyène (ou Corduène), au sud du Botan Sou sur
    la rive gauche du Tigre.

Il reconnaissait Tiridate III comme roi de cette
Arménie agrandie, à laquelle s'ajoutait la Médie
Atropatène.

L'Arménie allait vivre tranquille pendant 30 ans,
jusqu'à la mort de l'empereur Constantin (306-337),
qui avait succédé à Dioclétien, après que celui-ci
eut abdiqué en 305 pour aller "planter ses laitues"
à Salone.

C'est pendant cette période que l'Arménie se
convertit au christianisme. La légende attribue à
Thaddée, contemporain du Christ, la conversion de
l'Arménie. Elle rapporte à Tigrane III une violente
persécution contre les chrétiens, qui doit concorder
avec celles ordonnées par Dioclétien. Enfin, elle

conte longuement le martyre des vierges Hribsime
(Hripsimé) et Gaïané (Kaiiané), successivement
convoitées en mariage par Dioclétien, puis par
Tigrane III.

La conversion de l'Arménie officielle au christianisme est reportée à 305, à la mort de Dioclétien.
Tigrane III s'était rendu compte, au cours de la
persécution impériale,que nombre de ses sujets avaient
déjà embrassé les nouvelles idées.   Le secrétaire
royal. fonctionnaire héréditaire, qui avait fait ses
études grecques à Césarée—car à cette époque (et cela
datait sans doute de Cléopâtre, la fille du grand
Mithridate). la correspondance arménienne se faisait
en grec, — était lui-même devenu chrétien sous le
nom de Grégoire.   La légende veut encore que
Tiridate ait fait martyriser Grégoire et l'ait fait jeter
dans une oubliette où il aurait passé une quinzaine
d'années.

Donc en 305, Tiridate III. sur les conseils de
Grégoire qui reçut le surnom d'Illuminateur, *Lousa-
voritch*. se proclama chrétien.   Grégoire était de
famille Pahlavide (noble parthe), apparenté aux
Arsacides arméniens, et son père passe pour avoir
assassiné celui de Tiridate III à l'instigation du roi
perse Sapor I.   Tiridate envoya Grégoire se faire
sacrer évêque et primat par l'évêque de Césarée ; cette
tradition fut suivie par les premiers successeurs de
Grégoire et elle sert de base aux prétentions de
l'Eglise orthodoxe à la suprématie sur l'Eglise
arménienne.

A sa rentrée triomphale en Arménie, Grégoire
commença à renverser les temples des anciens dieux
et les récalcitrants furent massacrés, puis il baptisa
solennellement le roi et sa cour.

La nouvelle religion était enseignée par des prêtres grecs et syriaques venus de Cappadoce et de Syrie, dont la foule ne comprenait pas la langue. Les mœurs de la masse du peuple ne furent donc pas changées et on se contenta d'affecter les temples au culte nouveau ainsi que les fêtes habituelles. La religion resta limitée à un petit nombre d'initiés, et aucune tentative ne fut faite par le clergé pour la répandre dans la foule; ce qui se comprend d'ailleurs, étant donné la forme féodale de la société arménienne.

Un gouverneur romain de la Syrie, (vers 310) Maximin Daias, fit une expédition malheureuse en Arménie pour essayer d'arrêter cette révolution.

L'édit de Milan (313) promulgué par l'empereur Constantin, accorda le libre exercice du christianisme. Et, en 325, Constantin réunit un concile à Nicée, pour essayer de mettre fin aux querelles religieuses. L'Arménie fut représentée à ce concile par un des deux fils de Grégoire, Aristacès, également évêque. Mais c'est encore le métropolite de Césarée, nommé Léonce, qui signa au nom des Églises d'Asie Mineure, et notamment au nom de celles de la Grande et de la Petite Arménie.

Aristacès, qui avait succédé à son père comme patriarche, fut assassiné ; Tiridate III fut également assassiné en 330 par les seigneurs du parti perse, à l'instigation de Sapor II.

C'est vers cette époque que l'empereur Constantin établit à Byzance la capitale de l'empire d'Orient, qui avait été d'abord Nicomédie (Ismid ou Isnimid) (est de Scutari). Byzance prit le nom de Constantinople.

Chosrau II (330-338) ou Khosroès le Petit, avec l'appui des grands et du clergé que sa faiblesse maladive n'inquiétait pas, fut proclamé roi.

Il créa chef de l'armée (titre héréditaire) Vatché Mamigonien, et fit sacrer à Césarée, comme primat, son secrétaire royal Vardanès (332-339), deuxième fils de Grégoire l'Illuminateur. La reine, dit-on, à la suite d'observations sur sa conduite, essaya sans succès de faire assassiner Vardanès par des prêtres païens, en Taronidite.

Vatché Mamigonien eut à réprimer des révoltes intérieures, puis à arrêter une invasion venue du Caucase (Alains, Albaniens, Ibères etc.) qui ravagèrent la vallée de l'Araxe et la Carénitide. Enfin Sapor II (310-379), à la mort de Constantin (337), envahit l'Arménie et arriva au lac de Van ; après de longues luttes, Vatché fut tué.

Chosrau mourut peu après (338).

L'empereur Constance, fils et successeur de Constantin, reconnut roi d'Arménie Tirane (338-349) ou Dirane III. Le patriarche Vardanès étant mort eut pour successeur son fils cadet, Joussic, gendre du roi qui se fit sacrer à Césarée. Mais Joussic ayant interdit au roi l'entrée de son église un jour de fête, Tirane le fit bâtonner.

En même temps le roi faisait massacrer plusieurs familles de féodaux du parti des Perses.

Sapor II qui allait pendant 25 ans démolir la puissance romaine et préparer sa ruine, ravagea le pays entre le Tigre et l'Euphrate et vint à plusieurs reprises assiéger infructueusement Nisibine. Désireux de se rattraper du côté de l'Arménie, il fit tomber Tirane III dans un guet-apens et le fit aveugler.

Au lieu de la soumission attendue, il se produisit

un soulèvement général de l'Arménie qui chassa les
féodaux du parti perse.   Obligé de faire face aux
romains, Sapor II dut reconnaître comme roi
d'Arménie un fils de Tirane III, Arsace ou Archag
(350-367).

Le nouveau roi, patronné par l'empereur Constance
qui lui fit épouser une patricienne romaine, Olympie,
sut garder vis-à-vis de Sapor une attitude de neutralité
amicale ; cependant il fournissait un corps de cavalerie
qui allait lutter contre les Barbares sur le Danube.

Le patriarche Joussic étant mort, ses deux fils
refusèrent de lui succéder, et le siège patriarchal fut
attribué à son petit-fils Narsès, âgé de 27 ans, malgré
ses dénégations (352-373) ; il fut sacré à Césarée
suivant la coutume.

Le roi perse Sapor II, débarrassé des adversaires
qui le menaçaient à l'est, reparaissait en 359,
s'emparait d'Amida (Diarbékir), de Singare (Mésopotamie), de Bezabde (forteresse romaine de Zabdicène,
à 80 kilomètres au sud du confluent des deux Tigres)
(*Tournebize*).   Tous les romains furent massacrés.

Sapor envoya ensuite à Constance un message
arrogant, le sommant de lui céder la Mésopotamie et
l'Arménie.

Archag, après avoir paru se soumettre à Sapor, et
avoir même accepté le projet de mariage avec une de
ses filles, se décida à se réfugier dans les montagnes ;
le pays fut livré à l'anarchie.

D'autant plus que Constance arrivait en personne ;
Archag s'empressa d'aller le saluer à cesarée (360),
et avec son concours réoccupa l'Arménie et reprit
possession de son trône.

Mais Constance étant mort, son neveu Julien (361-363) ancien gouverneur des Gaules, entreprit une campagne contre Ctésiphon.

Archag, auquel il déniait le titre de roi, le traitant d'hégoumène, de procurator ou de satrape, ne soutint Julien que très mollement. En fait Julien arriva à Ctésiphon, ne put prendre la ville, et fut tué pendant la retraite (363).

Son successeur Jovien, se hâta de traiter avec Sapor II ; la limite des deux empires devint le Nymphius (Batman Sou) ; Jovien cédait Nisibine et s'engageait à abandonner Archag.

Sapor II entama aussitôt la conquête de l'Arménie, qu'il ravagea malgré la résistance désespérée d'Archag et du chef de son armée (sbarabied) Vasag ou Vassac Mamigonien. Le parti perse arménien aida les Perses à ruiner les tombeaux royaux d'Ani (sur l'Euphrate), à détruire encore une fois Tigranocerte, d'où 40.000 captifs furent emmenés.

Archag envoya le patriarche Narsès implorer l'appui du nouvel empereur d'Orient, Valens (364-378) ; mais celui-ci qui était chrétien arien, refusa de secourir l'Arménie, qui suivait un rite différent du sien.

Réduit au district de l'Ararat, Archag se résigna à aller à Ctésiphon. Sapor le fit décapiter et fit écorcher vif Vassac Mamigonien (367).

C'est sous le règne d'Archag que se passe l'épisode de la belle Parantzem ou Pharanzem. Le roi fit tuer son mari Gunel ou Knel; puis il fit empoisonner sa femme, Olympie, à l'aide d'une hostie donnée par un prêtre complice, pour pouvoir épouser Pharanzem, dont il eut un fils Papa ou Bab.

Lors de la guerre contre les Perses, la reine réfugiée au château d'Artakeretz (Ardakers, Artageras ou Artogerassa, dans l'Archarounig, entre l'Ararat et le lac de Sevan), fit une résistance héroïque, parvint à faire sauver son fils, Papa, qui se réfugia près de l'empereur. Finalement la reine fut prise, livrée aux soldats et tuée.

Toute l'Arménie fut ravagée, les villes détruites ; plus de cent mille familles furent déportées en Assyrie et jusqu'au golfe Persique.

Une propagande violente fut exercée dans tout le pays en faveur du mazdéisme.

Dès 368 une délégation conduite par Mouchegh Mamigonien, fils de Vassac, alla implorer de nouveau l'empereur Valens.   Celui-ci incita Papa à rentrer en Arménie, le soutint secrètement, puis lui envoya des légions sous les ordres du comte d'Arinthe.

Une bataille décisive s'engagea à Pakravant (séjour des dieux). Les Perses soutenus par les Caucasiens furent écrasés par les légions aidées par les Arméniens féodaux, Mamiconiens, Bagratides, Gamsaragans.

Le chef du parti perse en Arménie, Meroujane Arzerouni, fut tué.

Papa avec l'aide de Mouchegh, reconquit peu à peu son royaume, affaiblit la féodalité, et tenta d'enrayer la puissance envahissante du clergé.   Il fut même accusé d'avoir empoisonné le patriarche Narsès (373).

Papa s'efforça naturellement de continuer le jeu de bascule entre Constantinople et la Perse ; Valens, trouvant qu'il penchait trop du côté de l'Orient, le fit assassiner par son général, Trajan, au cours d'un banquet. (374).

Après la mort de Narsès 374, Papa de sa propre autorité, avait nommé patriarche Shahag ou Sahac (374-378) qui ne fut pas sacré à Césarée, malgré les protestations du métropolite de cette ville, Basile.

L'empereur Valens envoya comme roi d'Arménie Varazdat, neveu de Bab, et jusque là otage à Byzance. Le nouveau roi débuta par faire assassiner Mouchegh Mamigonien (378) et fut aussitôt chassé par le fils ou le frère de ce dernier, Manuel. Il aurait été ensuite interné à l'île de Thulé (Irlande) par l'empereur.

Manuel appela les Perses, qui occupèrent le pays sans résistance jusqu'à la mort de Sapor II (379), où ils se retirèrent devant la menace d'un soulèvement national. Le parti romain, avec l'appui de l'empereur Théodore (379), appela conjointement au pouvoir Arsace IV, marié à la fille de Manuel, et Valarse II (Valarsace) marié à la fille de Sahac Bagratide. Ces deux rois étaient fils de Papa et avaient vécu à à Byzance en otages.

Valarse étant mort en 380, Théodore conclut avec Sapor III (383-389) un traité de partage (384).

Les Byzantins gardaient la Carénitide (région d'Erzeroum), la Sophène, (rive gauche de l'Euphrate) et partie de la Taronitide (vallée de l'Arzanas ou Mourad Sou). Cela forma une province romaine gouvernée par un comte (386). Le reste devint un royaume vassal de la Perse, et sur lequel les Arsacides continuèrent à règner pendant une quarantaine d'années. Arsace IV mourut en 389, fugitif,

poursuivi et battu par Chosrau III ou Khosroès III
(384-387) et par Bahram Sapor ou Vram Shapouh
(387-419).

Ce dernier sut se faire reconnaître à la fois de
Yezdeguert I (399-420) et d'Arcadius, qui, en 395,
avait pris le titre d'empereur d'Orient, la séparation
de l'empire romain étant cette fois définitive.

Le règne de Bahran Sapor est marqué par un
évènement capital ; l'invention de l'alphabet arménien
par l'évêque Mezdrop ou Mesrop ou Maschtotz.
C'est de cette époque que l'arménien devint la langue
sacrée à la place du grec et du syriaque ; c'est une
date capitale (394-406).

Le patriarche Sahac sut obtenir l'agrément de
l'empereur pour cette transformation, vue froidement
par le clergé grec. En même temps Bahram Sapor
réconciliait la royauté avec les Mamigoniens, en
nommant de nouveau leur chef, Hamazasp, qui était
gendre du patriarche Sahac, comme chef héréditaire
de l'armée (sbarabied).

L'Arménie avait vécu en paix avec Yezdeguert I
qui tentait une réaction contre le pouvoir religieux du
mazdéisme en Perse et contre les féodaux.

En 418, l'évêque arménien Abda ayant imaginé
de faire brûler un temple du feu, le roi de Perse envoya
son fils pour gouverner l'Arménie. Il réagit également contre les chrétiens de Perse devenus nombreux ;
à cette époque il y avait un catholicos pour l'Arménie,
un pour l'Ibérie et un pour l'Albanie. Mais Yezdeguert I et son fils furent assassinés par leurs féodaux
en 420.

Bahram V (420-439) l'Onagre, fut un souverain

perse réactionnaire ; il se signala par une persécution continue contre les chrétiens et la reprise de la guerre contre les romains. Cette deuxième tentative n'eut pas de suite ; en 422 on conclut une paix de cent ans, assurant la liberté des cultes chrétien et zoroastrien.

La Persarménie, nom donné à la partie de l'Arménie abandonnée à la Perse, eut encore l'allure d'un royaume jusqu'en 428. A cette époque les grands réclamèrent un gouverneur perse ; le dernier roi Ardachir, fut appelé en Perse ainsi que le patriarche Sahac qui n'avait pas de fils pour lui succéder.

La dynastie des Arsacides avait cessé de régner.

La domination byzantine ou perse sur l'Arménie divisée ne modifia pas le caractère féodal de l'organisation du pays. Le peuple resta indifférent à ce partage.

La Persarménie fut dominée par l'action et l'influence des Mamiconiens, famille qui conserva le commandement héréditaire de l'armée nationale.

Les Perses mommaient un *marzpan* chargé du gouvernement et des impôts ; le premier fut Veh Mihir Shapour (428-442).

Le *marzpan* avait assez de force pour empêcher les querelles des féodaux, et il en résulta une paix intérieure inconnue jusque-là ; mais il se désintéressait de toutes les affaires intérieures, et c'est ainsi que le clergé put créer une organisation judiciaire sous son autorité.

Bahram V essaya de nommer patriarche des évêques syriens, mais devant l'opposition constante du clergé, il reconnut Joseph I, élu par la nation (439-440).

Son successeur, Yezdeguert II (439-447), reprit la guerre contre Byzance.

Théodose II, occupé par les hordes d'Attila, accepta en 444 une paix par laquelle il livrait aux perses tous les chrétiens, leurs sujets, réfugiés sur son territoire.

Le roi perse dut alors aller lutter pendant 7 ans contre les Huns, les Kouchans, les Hephtalites (rameau des Huns habitant la vallée de l'Oxus et de même race que les Turcs), qui envahissaient le Khorassan. Mais il organisa une propagande violente en faveur du culte du feu.

Une députation des grands, ayant à sa tête Vardane (Vartan) Mamiconien, s'était rendue auprès de Yezdeguert pour l'implorer ; elle dut adorer le feu. A son retour, la révolte éclata. Partout les mages et leurs partisans furent massacrés, leurs temples détruits.

Mais un noble, Vassac Sunide, prince de Siounik, avait formé un parti perse anti-chrétien, et appuyait l'armée perse de Mouschgan Nissalavourt. Une rencontre décisive eut lieu à Avaraïr (454), sur la rive droite de l'Araxe, entre Makou et Khoï, dans la Petite Médie. La rivière de Makou, qui s'appelait alors la Deghmoud, séparait les combattants. Dès le début de la bataille 3.000 Arméniens passèrent à l'ennemi ; mais le reste se battit avec acharnement.

Finalement les Perses furent victorieux : Vardane Mamiconien fut tué.

Les Arméniens célèbrent les noms des vaincus comme ceux de glorieux martyrs.

De fait l'armée Perse était épuisée ; une nouvelle invasion des Huns commençait, et Yezdeguert chercha à concilier les esprits. Il envoya un nouveau marzpan, Adr-Hormidzt, qui réserva ses rigueurs au seul clergé. Le patriarche Mélidé· (452-454) fut arrêté et envoyé en Perse où il fut tué à Niouchapour.

Vassac Sunide, considéré par les Arméniens comme le traître national, mourut misérablement en Perse, emprisonné (452).

Sous le roi perse suivant, Firouz ou Peroz (459-484), les vexations ayant repris, Vahane Mamiconien dirigea un soulèvement qui chassa en définitive les Perses affaiblis par les invasions des Huns. C'est à la requête de ce Vahane que Moïse de Khorène déclare avoir écrit son histoire de l'Arménie.

Firouz ayant été tué par les Huns, son frère, Balasch, Vagharsh, Valarse ou Vologèse (484-489), lui succéda. Adversaire des mages, le nouveau roi nomma marzpan d'Arménie, Nikhor-Veschnasp, qui décida Vahane Mamiconien à aller voir le roi ; Valarse le reçut très bien, et peu après le nomma marzpan.

Le nouveau gouverneur rapportait la liberté pour le christianisme et la suppression des privilèges des mages. Pendant 25 ans l'Arménie allait vivre tranquille sous ce gouvernement.

Vahane mourut en 503, son frère Vart ou Varde lui succéda (503-506). Mais il fut relevé au bout de trois ans et exilé en Perse par le roi Cavadt ou Kavadh, qui le remplaça par un marzpan persan, Bourghane.

L'Arménie byzantine avait vécu en paix jusqu'au règne de Zénon l'Isaurien. Celui-ci avait renvoyé les Arméniens qui formaient la garde de l'empereur et les avait remplacés par des Isauriens. Il avait en même temps essayé de supprimer l'hérédité des biens féodaux. d'où révolte des grands bientôt réprimée par Illus. Mais le clergé était favorable à l'empereur, le peuple indifférent à la suppression des privlèges des grands ; et tous les éléments instruits et intelligents trouvaient des débouchés dans l'administration de l'empire. où ils étaient nombreux ; les contingents arméniens étaient parmi les meilleurs des armées byzantines.

Le nouveau roi des Perses, Kavadh, ayant été détrôné. remonta sur le trône avec le concours des Huns Hephtalites et entama une guerre violente (502) contre l'empereur Anastase qui refusait de lui payer le tribut promis par Zénon. Cette lutte allait ruiner les deux empires et les préparer à l'invasion arabe.

L'Arménie fut complètement ravagée au cours de ces guerres.

Dès le début, Théodosiopolis (Erzeroum) (502) puis Amida (503) furent prises et détruites. Anastase dut acheter la paix en 506 pour 11.000 livres d'or. Amida lui fut rendue à ce prix.

Peu après, une invasion de Huns s'abattit sur la Perse et sur l'Asie Mineure. Sous la conduite des Mamiconiens, les Arméniens parvinrent à repousser les Barbares.

A la mort d'Anastase, Justin 1er (518-527) reprit la guerre. Les bandes arabes à la solde des Perses ravagèrent la Mésopotamie.

Une armée byzantine vint se faire battre à Nisibine.

Et enfin Bélisaire, qui faisait ses débuts, entra en Persarménie et la ravagea.

(6)

Puis la guerre traîna.

Elle reprit en 527, après l'avènement de Justinien, mais fut indécise (victoire de Bélisaire à Racca, Rakka ou Nicéphorion, rive gauche de l'Euphrate, près du confluent du Bélik).

En 528, Justinien organisa l'Arménie IVe (Sophène, Hantzit et la partie de l'Arzanène), et en fit un bastion solide de la domination byzantine.

A la suite de cette organisation, l'Arménie byzantine se trouva divisée en :

Arménie I^e — Chef-lieu Sébaste (Cabira) ;

Arménie IIe — Chef-lieu Mélitène ;

Arménie IIIe — Chef-lieu Césarée ;

Arménie IVe ou Arménie Euphratienne — Chef-lieu Arsamoussata.

C'est au cours du quatrième siècle que les Arméniens étaient devenus prépondérants dans la région de Malatia (Mélitène), qui prit alors le nom d'Arménie IIe.

Une légion romaine était installée à Satale (Sadagh), sur le Lycus (Kelkit Tchai), près du carrefour de la route d'Erzeroum à Trébizonde avec celle du Lycus au Tchorok.

En 531 à l'avènement de Chosrau I (531-579) on conclut une paix qui ramenait toutes choses au *statu quo ante*.

A la suite des succès de Justinien en Afrique et en Italie, Chosrau reprit les hostilités en 540. Dara (au nord de Nisibe) et Antioche furent détruites ; l'Arménie IVe fut envahie par les Perses, la Palestine menacée. Mais Edesse fut inutilement assiégée (546); Bélisaire, arrivé d'Italie, fit une démonstration vers l'Assyrie.

Une trève fut conclue, puis rompue ; les ravages et les destructions recommencèrent pendant des années.

Enfin, en 562, Bélisaire obtint la paix en payant 30.000 livres d'or.

C'est à cette période que se rapporte la première apparition des Turcs ou Huns blancs, qui, d'accord avec les Perses, s'emparent du pays des Huns Hephtalites sur l'Oxus, tandis que les Perses occupent la Bactriane.

Le roi Chosrau avait traité les chrétiens avec ménagement.

Mais en 564, il nomma marzpan d'Arménie un prince Sourena ou Surène, de la famille royale, qui fit construire un temple du feu à Dovine (Tovin, Tvine, rive droite de l'Araxe, au nord-est de l'Ararat), et fit tuer Manuel Mamiconien soupçonné de connivence avec les Byzantins.

Une insurrection éclata, dirigée par Vartan Mamiconien ; Justin II soutint l'Arménie, mais en 574 conclut la paix en payant 45.000 pièces d'or. (*Aslan*).

Les Arméniens, restés seuls, détruisirent une première armée perse de 20.000 hommes avec de nombreux éléphants. Chosrau arriva en personne, prit et détruisit Mélitène et Sébaste. Mais battu par l'armée byzantine du général Justinien, par Vartan Mamiconien, il perdit sa tente et sa femme (576). Le Movpétant-movpet (grand-mage) et le Alâche (feu sacré) furent jetés dans l'Euphrate.

Le général byzantin Maurice occupa pendant deux ans la Persarménie, mais il traita les habitants en hérétiques ; il en déporta notamment à Chypre (577). Craignant d'être livrés au roi de Perse, les grands se réfugièrent à Pergame.

Aussitôt après la retraite des Byzantins, Chosrau proclama une amnistie générale avec le concours du patriarche Moïse II (574-604) qui prêcha la soumission.

Son fils Hormizdt (579-590) continua la guerre ; mais les Byzantins furent partout victorieux. Ils entrèrent en Médie, en Mésopotamie où l'empereur Maurice (582-602) détruisit l'armée perse de Tam-Chosrau.

Maurice passe pour être le premier arménien qui fut empereur, mais certains auteurs disent qu'il était de Cappadoce.

A la mort d'Hormizdt, il soutint Chosrau II (590-628) contre ses compétiteurs. Les Arméniens s'étaient ralliés aux armées grecques ; l'un d'eux, Narsès, commandait l'armée de Mésopotamie.

En raison de l'appui reçu, Chosrau II céda à l'empereur Maurice : Dara, Martyropolis (sur le Batman Sou) (Nephrguert ou Meyafarekin), et la Persarménie, du lac de Van à la plaine de l'Araxe.

D'accord, les deux souverains exilèrent les nobles arméniens, en Thrace ceux de la partie byzantine, à Ispahan ceux de la partie perse.

La partie perse de l'Arménie continua à être gouvernée par un marzpan résidant à Dovine.

La partie byzantine eut pour capitale Martyropolis, et pour chef un stratège ou stratelat ; elle formait le thème arméniaque, pays frontière, tandis que l'Arménie IVe était une province normale.

Phocas ayant renversé Maurice, Chosrau II recommença la guerre (604). Il eut des succès foudroyants ; l'Arménie, la Cappadoce, Césarée furent conquises. Héraclius, qui a renversé Phocas (610) demande en vain la paix. Les Perses prennent Damas (613), Jérusalem (614), envahissent l'Egypte. Chosrau II Parviz (victorieux), vint camper devant Byzance.

Mais Héraclius, maître de la mer, vint débarquer à Issus, liaison de la Syrie avec l'Asie Mineure, puis il reprend Antioche et Jérusalem ; les Perses évacuant l'Egypte repassent l'Euphrate. Dans une dernière expédition (623-625) Héraclius part de Trébizonde, entre en Arménie, prend Carine, à l'ouest d'Erzeroum, sur la rive gauche de l'Araxe (en aval d'Etchmiadzine), Naxuana, pénètre jusqu'à Gandschack (Gantzac, Kantzag, Elizabethpol), puis marche sur Ctésiphon. L'activité d'Héraclius est admirable. Sur ces entrefaites, Chosrau II étant mort, les nobles perses proclamèrent roi son fils Kavadh II (628), qui tua d'abord ses 18 frères que Chosrau tenaient enchaînés auprès de lui. Il conclut ensuite la paix avec les byzantins (629) aux mêmes conditions que celles du temps de l'empereur Maurice.

Durant ces 20 années de guerre qui avaient un moment remis debout l'ancien empire de Darius et de Xerxès, l'Asie Mineure avait été complètement dévastée ; en particulier l'Arménie était entièrement ravagée.

Kavadh II, pour se concilier les Arméniens, nomma marzpan un Bagratide, Varaz-Tirotz ou Varazdirots, fils de Sempad. Le nouveau gouverneur essaya de réparer les désastres ; mais en butte aux difficultés créées par le patriarche Christophor qu'il dépose au bout de deux ans (628-630), menacé par Medj-Guenouni (ou M'zez G'nouni), curopalate et générál arménien qui commandait l'armée byzantine sur les frontières d'Arménie, il s'enfuit à Constantinople après 8 ans de gouvernement, et est déporté en Afrique.

H : — L'Arménie sous la domination Arabe jusqu'à l'invasion des Turcs Seldjoukides (652-1021).

C'est à ce moment que les Arabes musulmans font leur apparition.

Déjà les Arabes avaient eu un rôle dans la lutte entre Rome d'une part, et les Parthes et les Perses de l'autre. Ils avaient eu une grande part dans la destruction de l'armée de Crassus ; les Abgar, rois d'Edesse, le roi de Palmyre, Septimius Odenath, étaient arabes.

Depuis la destruction de Palmyre. qui fut un moment le centre commercial du désert, ils étaient devenus les maîtres de toutes les routes de caravanes.

Les Abyssins avaient fait la conquête du Yémen, créé un centre religieux chrétien à Sanaa, mais avaient échoué devant la Mecque, alors idolâtre et juive (525-575), après avoir pris Taïf.

Les habitants du Yémen, ne pouvant secouer le joug abyssin. firent appel au roi arabe de Hira, royaume qui s'était formé entre la Syrie et l'Euphrate ; sur sa demande Chosrau II Parviz (victorieux) (590-628). roi des Perses, envoya à Aden (595) une flotte et une armée qui battit les Abyssins et finit par les chasser du Yémen (597).

Les vice-rois perses gouvernèrent le Yémen, le Hadramaout, l'Oman et le Bahréin. C'est de la réaction contre ces conquérants que sortit l'Islamisme et la conquête arabe.

L'apparition des premiers arabes musulmans en Arménie remonte à 639, où Abd er Rahman arrive en Taronitide (ouest de Mouch), bat et tue Tirane Mamiconien, trahi par une partie des autres nobles, et prend Dovine (entre l'Araxe et le lac Sevan), en 642, massacrant la population et emmenant 35.000 captifs.

" Habitués à se défendre eux-mêmes, sans compter comme les Syriens, sur les armées grecques, les Arméniens soutinrent courageusement l'invasion des sectateurs de Mahomet, et peut-être avec plus d'union les auraient-ils repoussés, si les seigneurs avaient su au moment du danger, sacrifier leurs querelles personnelles ; ils n'eurent pas ce patriotisme ". (*Sedillot*).

Le patriarche Narsès III (641-661), dans ces circonstances, obtint le concours de Constant II (641-668), qui replaça comme préfet de la Persarménie le Bagratide Varaz Tirotz, précédemment exilé en Afrique ; à sa mort survenue peu àprès, son fils Sempad (644-654) lui succéda et épousa une patricienne de la famille impériale.

Les Arabes venaient de conquérir la Perse. Une armée commandée par Saïd ben Abou Ouakkas avait été victorieuse des Perses près de Cadesiah dans la bataille des trois jours (Armat, Aghouat, Amas). Le général perse Roustem avait été tué.

Aussitôt Ctésiphon ouvre ses portes sans résistance ; elle est détruite de fond en comble.

Yezdeguert III livre une nouvelle bataille à Djaloulah (à l'est de Chatt el Arab) ; il est vaincu. Dans un effort suprême, il engage ses dernières ressources à Nehavend (ville de Noé), sur le Kerkha, au sud-ouest d'Hamadan. C'est la "victoire des victoires" des historiens arabes, qui livre aux conquérants Ispahan, Hamadan, Kassouine, Tauris, Persépolis.

Yezdeguert III, soutenu par l'empereur chinois, Tai Tsong I, dont les états s'étendaient jusqu'à la Caspienne, essaie encore une fois le sort des armes au sud de l'Oxus, mais les Turcs le trahissent et il cherche à se réfugier auprès de Tai Tsong ; il est assassiné au cours du voyage, en 652.

La Perse était désormais sous l'autorité des Khalifes.

Les Arabes poussèrent au delà de l'Oxus, au pied du Caucase, mais ils furent arrêtés par les tribus des Huns et des Turcs.

A peine nommé, Sempad, trahi par Théodoros Rouchtouni, qui était chef de l'armée, dut accepter la suzeraineté du Khalile Omar, le 2e Khalife (mort en 644).

A cette nouvelle Constant II se porta à Dovine avec une armée, mais ne fit rien de sérieux, et aussitôt après son départ, les grands décidèrent d'envoyer à Damas le tribut promis. Le patriarche Narsès III se rendit lui-même à Damas et obtint du Khalife Mohaouiah, le premier des Omméiades, la nomination de Grégoire Mamiconien (658), comme gouverneur de l'Arménie.

Au cours des négociations, 1775 arméniens, otages à Damas, avaient été mis à mort.

Les Arabes ayant été mettre le siège devant Constantinople, Constantin IV, dit Pogonat (668-685) les repoussa, détruisit leur flotte à l'aide du feu grégeois qu'on venait d'inventer. Le siège dura sept ans (672-679). Le khalife Mohaouiah dut se résigner à la paix ; il aurait même payé 10,000 pièces d'or, 100 esclaves et 50 chevaux.

Les Arméniens unis aux Ibériens et aux Albanais se concertaient pour profiter de cette occasion et se libérer, lorsque se produisit une invasion tartare : les Khazars ou Khozars, venus du nord de la Caspienne, passèrent le Caucase et entrèrent en Arménie, ravageant tout sur leur passage. Grégoire Mamiconien parvint à les repousser, mais fut tué dans les combats de poursuite, avec l'élite des nobles (685). On dit que plus de cent mille captifs furent emmenés par les Turcs Khozars.

L'empereur Justinien II (688-695), profitant des dissensions entre musulmans, reprit la guerre contre le khalife Abd el Malek ben Mérouane (685-705). Une armée byzantine, commandée par Léonce, entra en Arménie et commença à la ravager (687) ; huit mille familles "hérétiques" furent envoyées en esclavage. Pendant ce temps les Arabes ravageaint de leur côté, prenaient Sevan, forteresse sur les bords du lac de ce nom, et en vendaient les habitants comme esclaves.

Justinien II, après une défaite en Cilicie, abandonna la partie ; aussitôt Abd el Malek redouble ses efforts pour la conquête de l'Arménie. Aschod Bagratide tente en vain de résister ; il est tué.

Le Khalife Abd el Malek, connu pour avoir substitué pour un temps le pèlerinage de Jérusalem à celui de La Mecque qui formait alors un état indépendant,

nomme le premier gouverneur (en arménien *vostigan*
ou *amira*) musulman de l'Arménie, Abd-Allah.

L'Arménie byzantine était restée jusqu'ici intacte,
grâce à sa bonne organisation.   Elle était gouvernée
par le stratège Nicéphore, dont le fils Vartan fut
empereur (711-713), mais fut ensuite cloîtré et
aveuglé.   Cette famille descendait des arméniens
réfugiés à Pergame au temps de l'empereur Maurice.

L'émir Mohammed Ben Okba avait été nommé
gouverneur de l'Irak, de la Mésopotamie et de
l'Azerbeidjan.   Il attaqua l'Arménie par l'est.
Sempad Bagratide le repoussa (702), mais dut finalement s'expatrier au Caucase.

En 717, sous Omar II (717-720), les Arabes,
maîtres de la Cilicie et de Chypre, organisèrent une
nouvelle expédition navale contre Constantinople.
Léon III l'Isaurien (717-741) les repoussa d'une
manière vigoureuse : l'expédition se termina en
désastre.

Le *vostigan* Kacem, qui a succédé à Abd-Allah,
brûle les chefs arméniens dans l'église de Naxuana où
il les avait convoqués (704); il ruine Dovine. Après 13
ans de ce régime, le patriarche Elie (703-717) obtient
son rappel du khalife Omar II qui vient d'arriver au
pouvoir (717-720).

Il fut remplacé par un nommé Velit (717-727) qui,
sous l'influence du patriarche Jean le Philosophe,
(717-728) fit régner la paix ; ce patriarche avait su se
concilier la confiance du khalife.

Le successeur de Velit reprit les anciennes habitudes au bout de 4 ans (727-731), le khalife Hescham le rappela.

La bataille de Poitiers est de 732.

Puis vinrent les *vostigans* Abd el Aziz (731-742), et Mérouane (742-744). Le premier rebâtit Dovine, le deuxième utilisa comme second Aschod Bagratide.

Lorsqu'il partit de l'île de Sévan, où il résidait, y abritant ses richesses, pour aller conquérir le khalifat à Damas, à la mort de Yezid II en 744, Mérouane nomma prince des princes Aschod Bagratide et lui laissa en fait le gouvernement du pays.

Mais deux Mamigoniens, Grégoire et David, par jalousie, se saisirent d'Aschod et lui crevèrent les yeux.

Les dissensions intestines des musulmans, les succès de Constantin V Copronyme (741-775), transformèrent cette émeute en révolte ouverte contre les Arabes qui furent chassés.

Mais sur ces entrefaites, le dernier khalife omméiade Mérouane, l'ancien *vostigan* arménien, ayant été tué en 750, le drapeau blanc fut proscrit et le premier khalife Abbasside, Abou el Abbas es Saffah (le sanguinaire) (750-754) reconstitua l'unité arabe, avec le drapeau noir comme emblème.

C'était une victoire des orientaux sur les occidentaux ; de fait les Abbasides se fixèrent de suite à Baghdad, renouant les traditions parthes et perses, mais abandonnant l'Espagne et l'Afrique.

Le deuxième Abbasside, le célèbre Abou Djafar el Mansour (754-775) envoya en Arménie des renforts qui écrasèrent la révolte (763). Il passa cependant pour avoir relevé Mélitène, Erzeroum, Ani (Kamakh sur l'Euphrate).

Les vostigans Souléiman (766-769), Bekr (769-778) Hassan (778), sont réputés pour leurs exactions. Mouchegh Mamiconien se révolta contre le dernier, l'attaqua deux fois dans le Daron ou Daraun (au sud de Mouch); son fils Ashod parvint à libérer la région entre Kars et l'Arpa-tchai et y bâtit Ani, qui devint sa capitale.

Sous le khalifat assez terne d'Alhadi (785-786), Léon IV le Khazare (775-780) remporta sur les Sarrasins la victoire de Lachanodracon.(780) qui fut le signal d'une révolte générale de l'Arménie. (Le terme des Sarrasins a été inventé par les Byzantins, et viendrait du mot arabe les *Cheraga*, les Orientaux).

Les Sarrasins furent complètement battus et expulsés.

Mais Haroun el Rachid, alors simple général, obligea Constantin VI, fils d'Irène (780-797) à lui céder une partie de l'Arménie byzantine et à faire démanteler lui-même Théodosiopolis (Erzeroum); le bloc arménio-byzantin, si solidement organisé en bastion par Justinien et Maurice, était entamé.

Devenu khalife, Haroun el Rachid, (786-809) fit gouverner l'Arménie arabe par Yézid (786-788), et Kouzima (798-818), ce fut une période de réparation après la répression sanglante qui avait précédé.

En Arménie byzantine, Léon III l'Isaurien (717-741) avait essayé de réagir contre l'accroissement de la puissance du clergé et des monastères, en soulevant la guerre des iconoclastes ; puis Artavasde, stratège et curopalate, beau-frère de l'empereur, arménien de race,

avait tenté de détrôner Constantin Copronyme
(741-775). Sa mort (743) fut le signal de déporta-
tions en masse vers la Thrace, de proscriptions
sanglantes. Les habitants de la Mélitène furent
transplantés à Byzance.

Sous Constantin VI, fils d'Irène (780-797),
Alexis, chef de l'armée arménienne, tenta un nouveau
soulèvement qui fut réprimé avec tant de rigueur
qu'une révolte générale éclata, mais fut comprimée
par l'armée byzantine de Nécétas.

Le khalife el Mamoun (813-833), qu'on a surnommé
l'Auguste des Arabes, fit régir l'Arménie par un émir
nommé Hol ou Haul (818-835). Celui-ci gouverna
avec bienveillance, réprima sans rigueur une révolte de
Sempad Bagratide, chef de l'armée, et d'un prince
persan, Sevata.

L'empereur Théophile ayant battu les Arabes en
Cappadoce (837) et fait 25.000 prisonniers, le khalife
Môtassem (833-842), celui-là même qui imagina de
composer de Turcs sa garde particulière, ne se
trouvant pas en force, nomma gouverneur d'Arménie
Pakratad Bagratide.

Les Byzantins ayant été battus en 845, Ouatek
(842-847) reprit une politique plus énergique.
Pakratad, accusé de connivence avec un perse révolté
Baban ou Babek, allié des Byzantins, fut arrêté en 845,
après 13 ans de gouvernement et conduit à Damas où
il se fit musulman, dit-on. Il fut remplacé par
Abouseth ou Abou-Saïd, puis par son fils Youssouf ;
celui-ci fut tué dans une révolte (852).

Le khalife envoya alors en Arménie Bougha el
Kébir, esclave turc, qui obligea les arméniens à choisir
entre la mort et l'islamisme, et ravagea le pays de la
façon la plus complète.

Chargé de butin, Bougha rentra à Baghdad, laissant la place à un perse nommé Sheky.

Le khalife était alors Moutaouakel-billah (847-861), très sanguinaire et qu'on a surmommé le Néron des Arabes.

La religion musulmane comptait à cette époque soixante-treize sectes principales et cent treize sciences coraniques (*Sedillot*). Le khalife Ouatek (842-847) avait failli être détrôné pour avoir nié l'éternité du Coran.

Les mêmes divergences se produisaient dans le christianisme : Manichéens, Pauliciens, Iconoclastes et tant d'autres étaient persécutés ou persécutaient. Beaucoup d'entre eux s'étaient réfugiés dans les montagnes de l'Arménie. Au nom de l'orthodoxie, Théodora, femme de Théophile, passe pour avoir fait massacrer à elle seule cent mille Iconoclastes dans l'Arménie Byzantine en 845.

Moutaouakel, détesté de tous, sans cesse craignant pour sa vie, se trouva incapable de repousser les assauts de Michel III.

Les Arméniens profitèrent de sa faiblesse pour l'obliger à reconnaître comme leur chef Aschod I Medz (grand) Bagratide, auquel le khalife concéda le titre de *ischkan* des *ischkans* (prince des princes) (859). Bien plus il obtint en 885 de Motamed Billah (870-892) le titre de roi ; le *rostigan* Aissa lui apporta la couronne à Ani de la part du khalife.

L'empereur grec Basile I (867-886) qui était arménien et arsacide le reconnut aussitôt.

La dynastie des Bagratides allait pendant 192 ans

(885-1077) diriger les suprêmes efforts de l'Arménie
pour conserver son indépendance ; ils allaient échouer
dans cette tâche à cause de la trop grande puissance
de leurs voisins : mais aussi pour une bonne part à
cause des divisions intestines d'un régime féodal que
rien n'a pu modifier ; leur royaume fut d'ailleurs toujours tributaire des khalifes ; il ne comprit jamais
qu'une partie de l'Arménie.

A côté des Bagratides ou Pagradounig, d'autres familles féodales telles que les Arzérouni ou Ardzrouniq,
maîtres du Vaspouracan (entre le lac de Van et
l'Araxe) et les Sunides (Siouniq. Siounie) dans la
Siounie (entre le lac de Sevan et l'Araxe) furent aussi
puissants qu'eux. portèrent également parfois le titre
de roi. Les Byzantins d'ailleurs. qui tenaient les
Arméniens pour hérétiques, s'opposaient à leur relè-
vement de crainte de perdre l'Arménie byzantine.
Et l'empire allait lui-même se relever du Xe au XIIe
siècle, reconquérir la Sicile, la Crète, Chypre, la Cilicie
et le nord de la Syrie, en profitant de l'affaiblissement
des Abbassides, que les invasions des Touraniens
battaient du côté de l'est.

Il est à noter que les orthodoxes furent partout
impitoyables aux chrétiens des autres sectes que la
leur, et que nestoriens, jacobites, etc. préféraient la
domination arabe à la leur. Les Arméniens notamment écrivaient à Justinien II : " Que de fois, soumis
au gouvernement des Grecs, nous n'en avons reçu
qu'une aide insignifiante dans nos pires calamités.
Souvent, au contraire, notre soumission n'a été
récompensée que par des insultes. Vous prêter
serment de fidélité, c'est nous exposer à la ruine et à
la mort. Laissez-nous donc sous la domination de nos

maîtres actuels qui nous couvrent de leur protection ''.
(*Tournebise*).

En outre, les émirs arabes d'Azerbaidjan, le royaume d'Ibérie étaient plus puissants que les rois Bagratides.

Néanmoins ces rois, au milieu de leurs luttes incessantes, furent des constructeurs dont on retrouve les monuments nombreux, et déterminèrent une période florissante d'art, de commerce et d'industrie.

Le royaume des Bagratides était en somme réduit à la province de l'Ararat ; encore y avait-il un émir arabe à Dovine.

Aschod le Grand eut de nombreuses révoltes à réprimer notamment celle de son gendre, Grégoire, qui fut tué.

Aschod se rendit à Byzance en 888 pour y saluer Léon VI le Philosophe (886-912), avec lequel il conclut un traité. Il mourut au retour.

Son fils Sempad I ou Sembat (889-915) eut à lutter trois ans contre son oncle Abas ou Apas, chef de l'armée. Ce n'est qu'à l'époque où il en fut victorieux que Mothaded Billah (892-902), un des derniers émirs abbassides, le reconnut comme roi.

L'empereur Léon VI imita cet exemple.

Mais l'émir de l'Azerbeidjan, Apshine ou Afschin s'étant emparé du Catholicos Georges ou Khevorg (878-898), commença à ravager le pays, prit Kars et captura la famille de Sempad, qui dut livrer son fils en otage et donner à l'émir sa nièce en mariage.

Le prince de Géorgie, Adernerseh, oncle de Sempad ayant reçu de lui le titre de roi, l'émir Yousouf frère (ou père) et successeur d'Afshin, reprit les hostilités. Il appuya Gaghik ou Kakig Arzérouni, prince de Vaspouracan, qui avait pris également le titre de roi (903). Sempad fut capturé et crucifié à Dovine (913), après 26 ans d'un règne misérable.

La dynastie des Arzérouni ou Ardzivouni, reconnue par le khalife Moktader Billah (908-932), prit Van pour capitale, et construisit le monastère fortifié d'Aghtamar, dans une île du lac de Van.

Le fils de Sempad I, Aschod II (915-928), surnommé *Ergathi* (le fer), entreprit de gagner son trône; mais les féodaux refusèrent de le reconnaître, sous l'influence de l'émir Yousouf. Le pays fut affreusement ravagé et, en 918, il y eut une famine terrible. Pour comble, Yousouf fit proclamer roi Aschod, sbarabied ou chef de l'armée (921-936). Plusieurs autres princes prirent alors le titre de roi.

Aschod II Ergathi, qui avait de son côté pris le titre de Roi des Rois (Shah an Shah) dut finalement se réfugier dans l'île de Sevan, d'où il ne put sortir qu'à la fin de son règne.

Gaghik, roi de Vaspouracan, fit reconnaître pour roi d'Arménie Abas ou Apas (928-952), frère d'Aschod le fer. Abas gagna l'appui de l'émir de Dovine et fixa sa capitale à Kars qu'il fortifia.

Gaghik étant mort (937), son fils Aschod Térénigh ou Deremie (937-953) lui succéda, mais fut chassé par une révolte de son sbarabied Aboulkharib et tomba entre les mains de l'émir de Her (Khoï).

Bar, roi des Aphkhazes ou Aphgazes ou Abases (rives nord-est de la mer Noire, près de la Colchide que les Arméniens appelaient Egérie, au nord de la Mingrélie actuelle) vint attaquer Kars, fut battu et eut les yeux crevés (943)·

La fin du règne d'Abas fut relativement tranquille
(952).

Peu après, Abou-Sah-Harnazasp (953-972), frère
d'Aschod Deremie, se faisait reconnaître roi du Vaspouracan. A la mort d'Abas, l'un de ses fils, Aschod
III (952-977) Oghormadz (le Charitable) fut roi
d'Ani ; l'autre Moucheg, se proclama roi de Kars
en 962.

Le règne d'Aschod III fut une période heureuse ;
le roi ayant battu un prétendant au khalifat, le khalife
Mothi Billah (946-974), lui envoya une couronne d'or ;
à cette époque les khalifes étaient devenus,un jouet
entre les mains de la milice turque et de son chef
l'Emir el Amara, véritable souverain. Sur 59, 38 des
derniers abbassides périrent de mort violente.

L'empire de Byzance avait commencé sous Nicéphore II Phocas (963-969) à profiter de cet affaiblissement. Jean Zimises ou Tzimiscès (969-975),
empereur d'origine arménienne (Sophène), vint
prendre Antioche et Alep ; Aschod III lui fournit
10.000 cavaliers.

Le fils aîné d'Aschod III lui succéda sans difficulté
sous le nom de Sempad II (977-990). Il fortifia Ani
pendant 8 ans, en fit la ville des 1001 Eglises. Les succès des Byzantins lui donnèrent la sécurité extérieure.

Le roi de Kars, Moucheg, avait laissé son trône
à son fils, Abas ou Apas.

Le Vaspouracan sous les règnes d'Aschod-Sahag
(972-983) et de son frère Kourkène Katchig était
en pleine décadence, mais avait de bonnes relations
avec les Bagratides.

A cette époque, Théodosiopolis (Erzeroum) était
devenue le grand entrepôt commercial entre l'Europe

et l'Asie, à cause des guerres qui fermaient les autres voies.

Sempad II a laissé le renom d'un guerrier heureux; il est connu pour avoir épousé sa nièce, ce qui était alors interdit, et lui avait valu l'hostilité du clergé.

Son frère Gaghik ou Kakig I (990-1020), qui lui succéda, sut avoir un règne heureux au milieu des guerres de Basile II (975-1025) (le Bulgarochtone) contre les ·Bulgares soutenus par les Arméniens déportés à Philippopoli ; de David curopalate de Daïk (vallée du Tchorokh) contre les musulmans ; celui-ci finit empoisonné en 1000 par l'évêque Hilarion au moyen d'une hostie. C'est une péroide de prospérité pour le royaume d'Ani, tandis qu'à côté, l'Arménie byzantine était ravagée par les persécutions violentes ordonnées par Basile II. C'est de cette époque, que date pour l'église arménienne l'interdiction de sonner les cloches. Les évêques orthodoxes de Mélitène et de Sévaste se firent remarquer par leur zèle cruel contre les Arméniens.

Au milieu de toutes ces dissensions, le patriarcat avait dû quitter Dovine, ruinée par un tremblement de terre (894), et avait résidé à Varag, près de Van, puis dans l'île d'Aghtamar ; enfin en 959 le patriarche Anania (943-968) alla s'établir à Arkina, près Ani (dans le Chirag, rive droite de l'Arpa-tchai).

Basile II, à la mort du curopalate David, avait annexé une partie de ses états (Gogarène et Daïk, vallée du Tchorok) laissés par testament. Il vint en personne prendre possession de ses nouveaux territoires et reçut à Manazguert les princes chrétiens,

notamment les rois d'Afkhazie, de Kars, du Vaspouracan.   Mais Gaghig I s'abstint d'y paraître.

A sa mort, ses fils se disputèrent son héritage:
l'aîné, Johannès Sempat (Jean Sembat), reconnu roi à
Ani avec l'appui de Gorigé, ou Keorki, roi de Géorgie,
fut attaqué par son cadet Aschod, soutenu par le roi
de Vaspouracan, Sénékhérim.   Battu près d'Ani,
Johannès dut nommer son frère lieutenant du royaume.
A la suite d'une tentative d'assassinat avortée, Aschod
se réfugia auprès de Basile II ; à l'aide de soldats
grecs, il se reconstitua un royaume aux limites de la
Géorgie et de la Perse et prit le nom de Aschod IV
Katch (le Vaillant).

Keorki III, le roi de Géorgie, ambitionnait les
états du curopalate David annexés à l'empire byzantin.
Basile II intervint avec une armée byzantine, battit
Keorki au pays de Chirag (ouest de l'Arpa-tchai). Le
pays fut ravagé (yeux crevés, femmes violées, vente
d'une foule d'esclaves à Trébizonde). (1021-1022).

Le patriarche Pétros le Thaumaturge (1019-1045)
alla en 1023 offrir à Basile II la soumission du roi
Johannès et l'héritage éventuel de ses états ; le roi
d'Ani fut créé magistros et archonte d'Ani.

En même temps, le roi de Vaspouracan, Sénékhérim
(1003-1027), se sentant impuissant contre les Turcs
seldjoukides qui venaient d'apparaître, cédait ses
états à Basile II, alors à Trébizonde, et en recevait en
échange la ville de Sévaste (Siouas actuel) où il allait
s'établir avec plus de 40.000 émigrants (1022), et où
il régnait 5 ans, jusqu'en 1027.

Le seul royaume arménien encore indépendant
était le petit royaume de Kars, gouverné par le roi
Gaghik (1025-1064) fils d'Abas.

I : — L'indépendance Arménienne disparaît avec les Turcs Seldjoukides (1021-1072). La dispersion.

Les Turcs Seldjoukides s'étaient convertis à l'islamisme dans les premières années du XIe siècle. Leur chef, Togrul Beg, petit- fils de Seldjouk, affectait une piété minutieuse ; il avait conquis la Perse. Togrul Beg arriva à Baghdad, où le dernier khalife abbasside Kaïem lui donna le titre de souverain de l'Occident.

Les bandes des Turcs Seldjoukides avaient pénétré au Vaspouracan vers 1015 et avaient tout détruit sur leur passage. Chassés par les Arméniens, ils renouvelaient leurs attaques.

Les Arméniens, les désignent, d'après la première tribu qu'ils combattirent, sous le nom de Dadjik, qui s'applique aussi aux Arabes (*Moïse de Khorène*). Cependant les Arabes sont généralement nommés Ismaëliens ou Agariens (fils d'Agar).

A la mort de Johannès, les seigneurs proclamèrent roi son neveu Gaghik II (1040-1045) fils d'Aschod IV Katch, âgé de seize ans.

Les empereurs Michel IV le Paphlagonien (1034-1041) et Michel V le Kalafate(1041-1042) réclamèrent l'exécution du testament de Johannès et envoyèrent une armée pour soutenir ces prétentions : mais les Byzantins furent battus devant Ani.

Constantin X Monomaque, (1042-1054) après un nouvel échec devant Ani, attira Gaghik à Constantinople, l'y garda prisonnier ; le roi d'Ani finit par périr étranglé (1079).

Le patriarche Pétros le Thaumaturge conseilla alors la soumission et Ani se rendit aux Grecs en 1045. Les Turcs devaient les en chasser peu après. (1064).

Gaghik, fils d'Abas, roi de Kars, abandonna la ville en 1064 pour se réfugier à Zamatan (Dzamentav, à l'ouest de Mélitène, dans le Taurus), où l'empereur byzantin Constantin XI Ducas (1059-1067) lui constitua une principauté.

Thogrul Beg, de 1048 à 1054, avait fait ravager le Vaspouracan, détruire Ardzen (à l'est d'Erzeroum) avec ses 150.000 habitants ; mais Manazguert s'était victorieusement défendu. Sous Michel VI(1056-1057), ses troupes avaient pénétré jusqu'à Gamakh (sur le Kara Sou), et détruit Mélitène (Malatia). En 1059, ce fut le tour de Sévaste (Siouas).

Alp Arslan (brave lion) (1062-1072) ayant succédé à son oncle Togrul Beg, détruit Ani (1064), Césarée (1067), Manazguert (1070). Il échoue devant Edesse, mais prend Alep.

L'empereur Romain Diogène reprend Manazguert ; mais il est battu et pris. Ce fut la fin des Byzantins en Arménie.

Alp Arslan n'organisait pas ses conquêtes ; derrière lui l'anarchie s'établissait comme régime régulier : les souffrances de la population étaient affreuses ; les Arméniens se dispersèrent en Crimée, en Moldavie, en Pologne. D'autres se réfugièrent dans le Taurus, où le nom arménien allait se maintenir jusqu'en 1375.

Le fils d'Alp Arslan, Djelal ed Din Malik Shah (1072-1092) constitua un empire qui comprenait le Djezireh, la Syrie, l'Arménie, la Géorgie. Son règne fut une période d'ordre et de réparation ; beaucoup de villes arméniennes se repeuplèrent.

Mais à sa mort son empire se morcela ; les Byzantins reparurent en Haute Arménie ; les rois de Géorgie,

Georges III et Georges IV avaient reconquis l'Arménie septentrionale (depuis 1161), notamment Ani (qui fut abandonnée en 1319 après un tremblement de terre). Ils devaient y rester pendant le temps des croisades, jusqu'aux invasions des Mongols de Gengis Khan (1220-1227).

Le trône patriarcal fut transporté à Roum Kaleh en 1147 ; il retourna à Sis en 1293, pour aller ensuite à Valarsapat (Ararat) (25 kil S. O. d'Erivan).

La famine qui suivit ces guerres était générale ; la dispersion, un moment interrompue sous le règne de Malik Shah, reprit avec intensité. Des populations musulmanes, Turcs, Tartares, Kurdes vinrent s'installer dans les déserts ainsi créés. " A partir du XIVe sièele, les Arméniens ne formèrent plus que des enclaves au milieu des musulmans" (*Aslan*).

L'indépendance Arménienne allait se prolonger dans le Taurus et en Cilicie jusqu'en 1375.

L'empire de Malek Shah avait formé des sultanats indépendants : Ikonium, Alep, Damas. La Perse était régie par la dynastie turque des Ghaznévides (995-1145), qui dominait l'Afghanistan et le Khorassan. Les khalifes fatimides régnaient au Caire. Il n'y avait plus d'unité musulmane quand se produisit la première croisade (1095-1099).

K :— L'Arménie Mineure ou Cilicienne (1072-1375). Les Croisades.

Des dynasties musulmanes s'étaient installées en Arménie, comme par exemple :

l'émir Sokman, fils d'Ortokh, qui fonde à Amida

(Diarbékir) la dynastie orthokhide, et prend le titre de Shah Armen ;

l'émir Kimush-Tekin, (ou Mohammed ben el Danishmend), arménien d'origine, qui fonde une dynastie turcomane qui, pendant un siècle, gouverne Césarée, Sébaste et Mélitène ;

Soliman, fils de Koutoulmich, petit-fils de Seldjoukh, qui règne à Ikonium de 1072 à 1085 et y fonde la puissante dynastie des sultans de Konieh (Ikonium) ;

Masr, kurde de la famille de Mérouane, que les Arméniens nomment les princes d'Allahouniq, au nord du lac de Van, qui régnait sur Manazguert.

Pendant ce temps beaucoup de seigneurs arméniens avaient émigré vers l'ouest. Les Grecs encourageaint ce mouvement et leur donnaient des fiefs, principalement dans les places fortes du Taurus, dont ils les constituaient défenseurs.

Parmi eux :

Roupène ou Roubène, parent du dernier roi Gaghik II, échappé au guet-apens grec où périt le dernier roi Bagratide à Cybistra (1079), (Eregli, au nord du Boulghar-Dagh en Cilicie), s'établit à Partzepert (forteresse haute), sur un affluent du haut Pyramus (Djihan-tchai), à 30 kilomètres au nord de Sis.

Oschin, nakharar de l'Albanie (venu de Kantzag, Elisabethol), auquel Aboulkharib Ardzerouni, gouverneur byzantin de Tarse, donna la forteresse de Lampron (Nemroun Kalessi, au débouché du Goulek Boghaz), où il s'établit comme vassal de l'empereur Alexis Comnène.

Ces princes, *Ischkan*, placés sur la route de Syrie à Byzance, allaient se trouver pris dans les luttes entre les Grecs et les maîtres successifs d'Antioche.

Les descendants de Roubène fondèrent la dynastie des Roubéniens (1092-1342).

La première croisade, 1095-1099, (Pierre l'Emite, Gautier-sans-Avoir et Godefroy de Bouillon, duc de Basse Lorraine) eut lieu à cette époque. La première colonne périt en Hongrie et en Bulgarie, et vint se faire achever dans le sultanat d'Ikonium. Les musulmans, un instant inquiets, se crurent sauvés et se remirent à leurs querelles habituelles.

A ce moment arriva la croisade véritable: ses chefs prêtèrent hommage, en passant, à l'empereur Alexis Comnène, à Constantinople. La colonne prit ensuite Nicée (Isnik) (1097), en bloquant la ville avec une flottille transportée par terre dans le lac d'Isnik (au sud du Bosphore), fut victorieuse à Dorylée, (*) près de Nicée, puis vint, toujours par terre, s'emparer d'Antioche et de Jérusalem (1099), dont Godefroy fut déclaré Bailli (avoué du Saint-Sepulcre) (1099-1100). Des ordres religieux se fondèrent pout la défense des Lieux Saints : Templiers (1119) ; Hospitaliers (1130); ordre Teutonique ou allemand (1191).

Dès leur arrivée en Syrie, les croisés furent gagnés par cette population chez laquelle vivaient les souvenirs des grandes civilisations antiques ; Tancrède, prince d'Antioche, s'intitulait émir et portait la *koufieh*, la coiffure bédouine encore en usage aujourd'hui. Les Francs qui parlaient la langue d'oïl et la répandaient

---

(*) Dorylæum, actuellement Eski-Chehr, au S. E. de Brousse. C'était le lieu de rassembement habituel des armées byzantines, pour leurs expéditions en Asie.

jusqu'à Chypre, créèrent un état qui, avec sa législation, Assises de Jérusalem, puis Assises d'Antioche, était bien supérieur à tous les autres états chrétiens et musulmans de l'époque. Fait à noter, toutes les religions furent tolérées, et les Juifs notamment connurent là une période de tranquillité unique dans leur histoire ancienne.

Le souvenir de cette organisation, de la prospérité commerciale inouie qui en résulta, est demeuré dans l'esprit des populations ; il explique que toutes ces races diverses soient restées imprégnées de l'esprit de cette époque si brève comme domination politique, mais qui se prolongea par les capitulations de François I : celles-ci essayaient de maintenir les garanties de sécurité personnelle et de relations commerciales honnêtes qui avaient marqué la domination des Francs.

Constantin I (1095-1100), fils et successeur de Roupène, arrondit son domaine et établit sa capitale à Vakka (Féké), sur le haut Sarus (Seihoun), au nord de Sis.

Les croisés passèrent près de cette forteresse, y furent accueillis en alliés : les Arméniens organisèrent le ravitaillement pendant le siège d'Antioche.

Constantin reçut des Francs les titres de Comte, Marquis et Baron. Il maria sa fille à Josselin, comte d'Edesse, et sa nièce à Beaudoin, frère de Godefroy de Bouillon.

Les croisés n'avaient eu affaire qu'au sultan d'Ikonium, sur leur route, et en Palestine, au Khalife Fatimide d'Egypte, Mostali (1094-1101). Les émirs de la Syrie étaient restés neutres, après négociations.

Théodore II ou Thoros (1100-1123) enleva aux Grecs les ville d'Anazarbe (Anavarza), l'ancienne Justinianopolis, fortifiée par Justin I, par Justinien et par Haroun el Rachid. Allié à Tancrède, prince d'Antioche, Thoros conquit la plus grande partie de la Cilicie sur les Grecs.

De 1107 à 1110, le pays fut envahi par les Turcs. Anazarbe fut prise, malgré le secours de Kogh Basile (Basile le Voleur) qui s'était créé un état à Kassoum, près de Marache. Les assaillants ne furent repoussés qu'avec peine.

Léon I (1123-1138) enleva aux Grecs Mamestia (Missis), Adana, Tarse. A la suite d'une question de frontière, il fut en guerre avec Raymond de Poitiers, prince d'Antioche auquel il avait enlevé Servan-Tekar (Sarovantikar) (rocher du promontoire), forteresse au sud de Marache (*Tournebize*). Fait prisonnier, Léon I accepta un traité désastreux, qu'il refusa d'exécuter dès qu'il fut libre.

Foulques d'Anjou, roi de Jérusalem, se déclara alors contre lui ; mais Josselin II, comte d'Edesse, réconcilia les adversaires en 1137, pour faire face à l'empereur Jean II Comnène (1118-1143).

Celui-ci s'empara de tous les états de Léon I et le fit prisonnier (1137-1138). L'empereur fit aveugler puis tuer Roubène, fils aîné de Léon, qui mourut lui-même captif en 1143.

Un des fils captifs, Théodoros ou Thoros (1144-1168) profita de la mort de Jean II et de l'avènement de Manuel I Comnène, engagé dans une geurre en Hongrie, pour rentrer par mer en Cilicie. En quelques années il eut reconquis tout le pays : Adana, Sis, Anazarbe, Vakka, etc.

Manuel I envoya contre lui une armée qui fut battue complètement à Mamestia (Missis).

· Manuel lança alors contre Thoros Masoud I (1116-1156), sultan d'Ikonium, qui fit trois campagnes malheureuses (1153-1155). Son fils, Aseddin Kilidj Arslan II (1156-1193) fit la paix avec Thoros, lui abandonnant l'Isaurie.

Cependant l'émir turc, Emaddin Zenghi, le Sanguin des chroniques, avait fondé en 1122 un état indépendant avec Mossoul pour capitale. En 1127 il conquit le sultanat d'Alep, puis proclama la guerre sainte et enleva Edesse aux chrétiens.

Les rois de Jérusalem firent appel à l'Europe. Saint-Bernard, abbé de Clairvaux, déclancha la deuxième croisade (1147-1149) (Louis VII, roi de France, Conrad III, empereur d'Allemagne). Les Allemands furent détruits devant Nicée. Louis VII les recueillit et vint à son tour échouer devant Damas, encore soumise à un sultan Seljoukide. Après le départ des deux souverains chrétiens, Noureddine, fils et successeur de Sanguin, assaillit le sultan de Damas épuisé par sa résistance, et s'empara de ses états. Puis il vint ravager la Palestine.

En vain les Francs s'allièrent aux Egyptiens. Les rois de Jérusalem furent battus plusieurs fois, notamment près d'Artésie et l'émir Schirkouk conquit l'Egypte.

Son neveu, Salah ed Din (Saladin), déposa le dernier khalife fatimide, Adhed, rétablit la *Khotba* au nom du khalife abbasside de Baghdad, Mosthadi (1170-1179). L'Egypte, qui était chiite, devint sounnite. Saladin ne laissa pas subsister d'autre enseignement dans les écoles.

Peu après, Noureddine mourut subitement (1174), son fils fut assassiné, et Saladin se trouva chef de la guerre sainte. Il envahit de suite la Syrie, prit Damas, Hama, Alep (1174-1182). Il se retourna alors contre le royaume de Jérusalem.

L'empereur Manuel, déçu par la défaite des sultans d'Ikonium, lança en 1153 contre Thoros, le fameux aventurier, Renaud de Châtillon, qui avait épousé Constance, veuve de Raymond de Poitiers, et se trouvait ainsi tuteur du prince d'Antioche, un enfant, Bohémond III. La guerre élata au sujet de la possession de la Portella, que Thoros avait prise aux Templiers.

Une bataille eut lieu en cet endroit dans décision. Mais Renaud, laissé sans argent par Manuel, se réconcilia avec Thoros, et avec son concours alla piller Chypre, alors byzantine. Francs et Arméniens traitèrent abominablement les orthodoxes ; le clergé fut particulièrement maltraité (1155-1156).

L'empereur Manuel conduisit alors lui même une expédition en Cilicie, avec 50.000 hommes qu'il amena par la Phrygie (1158). Tout céda devant lui. Renaud vint, pieds nus et la corde au cou, implorer Manuel : du reste il eut le courage de plaider la cause de Thoros. Celui-ci, grâce à des dons de troupeaux nécessaires à l'armée grecque, grâce à l'intervention du roi de Jérusalem, Beaudoin III, marié à une nièce de Manuel, Théodora, finit par rentrer en graâce ; il fut même nommé pansébastos, ce qui était la 77ᵉ dignité de la cour byzantine.

On assure que plus tard Thoros fit encore massacrer huit à dix mille Grecs, pour venger la mort de son frère Stéphane, assassiné par le gouverneur grec de Tarse. Mais Amaury I, roi de Jérusalem (1162-1173) parvint à empêcher une rupture.

Thoros mourut eu 1168, laissant pour lui succéder un enfant en bas âge, Roupène II.

Un frère de Thoros, Mleh, templier devenu musulman, résidait alors auprès de Noureddin, souverain d'Alep. Il se hâta d'envahir la Cilicie à la téte d'une armée musulmane, réclamant l'héritage de son frère.

Mleh, victorieux partout, allié à Noureddin et au sultan d'Ikonium, débarrassé de Roubène II assassiné dans son exil, victorieux des armées de Manuel à qui il imposa la paix, chassa les Templiers de ses états ; mais il fut massacré par ses soldats à Sis en 1174.

Les grands choisirent pour prince Roubène II, neveu de Thoros et de Mleh (1174-1185).

Saladin, devenu puissant, fit une première apparition, à la demande du sultan d'Ikonium, Kilidj Arslan II sur les bords du Gueuk Sou, une des branches du Calycadnus, au sud de l'Isaurie, Roubène II dut lui payer une forte rançon (1180).

Il eut ensuite des querelles avec Héthoum, seigneur de Lampron, qu'il assiégea avec Bohémond III, prince d'Antioche, qui le prit et ne le relâcha que contre 30.000 dinars d'or, et la cession d'Adana et de Mamestia.

Finalement il se fit moine et mourut en 1187.

Son frère, Léon II le Grand, eut un règne brillant de 34 ans (1185-1219).

Cependant Renaud de Châtillon ayant pillé le Mahmal syrien, malgré la trève consentie, Saladin avait attaqué le royaume de Jérusalem, jurant de tuer Renaud de sa main. Vainqueur à Hittin, à l'ouest de Tibériade, il prit le roi Guy de Lusignan, et Renaud de Châtillon qu'il tua de sa main, sur son refus de changer de religion. Le 2 octobre 1187, il entrait à Jérusalem, restée franque 88 ans ; il prit ensuite Edesse et Ptolémaïs. Mais il échoua devant Tyr (Sour).

Ces évènements déterminèrent la 3ᵉ Croisade (1189-1192) — (Frédéric Barberousse (1152-1190) empereur d'Allemagne, Philippe Auguste, roi de France (1180-1223) ; Richard Coeur de Lion, (1189-1199) roi d'Angleterre).

Le premier suit la route de Godefroy de Bouillon, traverse le Taurus, entre en Cilicie ; Léon II lui envoie des vivres, lui promet des secours : Frédéric s'engage à le reconnaître comme roi. Mais, peu de jours après, il périssait en se baignant dans le Calycadnus. On a une lettre de Gaghik, fils du patriarche Grégoire IV Dgha, (1173-1193) à Saladin, le mettant au courant de la venue et des projets de Barberousse.

Les débris de l'armée allemande atteignirent Antioche, où le roi Guy de Lusignan, libéré, les recueillit.

Philippe s'embarqua à Gênes et Richard à Marseille. Réunis en Sicile, ils s'y brouillent. Richard part seul, conquiert Chypre dont il fait un royaume pour Amaury de Lusignan ; il rejoint ensuite Philippe qui assiège St. Jean d'Acre. Après un an de siège, la ville se rend. Philippe en profite pour rentrer. Richard continue des exploits plus bruyants qu'utiles, et finit par retourner en Europe dans les conditions que l'on sait (Blondel).

Henri VI d'Allemagne, le Cruel, (1190-1197), envoya à Léon II la couronne promise par son père. Le Pape Célestin le reconnut égalemet roi ; il fut sacré par le patriarche Grégoire VI Abirad (1195-1202), à Tarse et prit le titre de Thakavor (roi).

Alexis III l'Ange (1195-1203) lui envoya aussitôt une couronne d'or, et un étendard où se trouvait le lion couché qui devint depuis lors l'emblème arménien.

Léon II eut des démêlés avec les princes d'Antioche, Bohémond III, puis IV. Henri de Champagne, régent du royaume de Jérusalem, s'interposa, ainsi que Pierre d'Angoulême, patriarche latin d'Antioche. Le neveu de Léon II fut reconnu prince d'Antioche sous la protection du pape Honorius III (1217).

Mais à la mort de Léon II, en 1219, la population grecque chassa cet arménien et sa mère, Alice ; ils furent assasinés.

Léon II eut également à lutter contre les états musulmans et le fit en somme avec bonheur.

En 1188, il bat un chef de Turcomans, Roustem, qui était arrivé jusqu'à Sis, il remporte une deuxième victoire à Germanica (Marache).Le sultan d'Ikonium, Kilidj Arslan, étant en lutte avec ses fils, Ghaïaseddin Kaikosrou (1204-1210) et Rokn ed Din Souléïmane II (1201-1203), Léon II en profite pour s'emparer d'une partie de l'Isaurie, envahir la Cappadoce, occuper Héraclée (Eregli, Cybistra) et Tyane (Nidjen, au nord du Boulghar Dagh). Il avait même poussé jusque près de Césarée.

Vers 1205, il parvient vers Albistan (Haut Djihoun). Mais le nouveau sultan d'Ikonium, Kikosrou, le repousse.

Il fait encore une guerre heureuse contre le successeur de Kaikosrou, Aseddin Kaikhaous I (1210-1219)

avec l'appui des Hospitaliers et du sultan d'Erzeroum,
Dougril Shah. Il parvient jusqu'à Laranda (Karaman).
Mais devenu vieux, il vit Kaikhaous I battre son
armée en 1216 à Gaban, capturer le connétable .
Constantin, il dut céder l'Isaurie, le défilé des Portes
de Cilicie.

Au temps de sa plus grande prospérité, Léon
régnait sur un état de 400 km. de longueur et de 80
de largeur, d'Alexandrette incluse au Mélas (Manavgat
Tchai) ; il portait le titre de Thakavor Haïotz (roi des
Arméniens).

Les ordres Templiers, Hospitaliers, Teutoniques,
étaient florissants et jouèrent un rôle politique
important sous ce règne, tantôt alliés, tantôt ennemis.

Le Grand Maître des Hospitaliers, Guérin de
Montaigu, prêta 20.000 besants d'or à Léon II contre
le port de Canamella, ses taxes, et le district de Djigha
(N. E. du golfe d'Alexandrette).

Le latin et le français furent, sous ce règne,
employés à côté de l'arménien.   Les lois furent celles
établies par les "Assises de Jérusalem" et celles
d'Antioche.   Les Nakharars arméniens devinrent
barons ou comtes, justiciables de la Haute Cour ; les
citadins devinrent les bourgeois, justiciables de la
Basse Cour.

Le sbarabied devint le *Comes Stabuli,* connétable ;
il y eut un *marescalus,* maréchal ; Léon arma des
chevaliers.

Léon II mourut en 1219, et fut enterré à Sis, sa
capitale, qu'il avait très fortement organisée.

Sur une dénonciation du patriarche Jean VII
Medzaparo (Magnifique), prélat batailleur et mondain

(8)

(1203-1210), Léon II fit ·enfermer sa femme Isabeau
(1190) et se remaria en 1195 avec Sybille, fille
d'Amaury I de Lusignan, roi de Chypre et de
Jérusalem.

Il fut excommunié par le pape Innocent III à la
suite d'une querelle avec les Templiers, à propos de
la possession de la forteresse de Gaston ou Gastim ; il
dut rendre cette forteresse aux Templiers qui ne purent
la défendre lorsque Malek el Mansour, prince de Hama,
vint l'assiéger en 1265 : elle fut alors définitivement
ruinée.

Maître des trois défilés (Portes de Cilicie, la Portella, Portes de Syrie) le royaume avait une situation
commerciale dont les Arméniens surent profiter.

Les Gênois en 1201, les Vénitiens en 1215,
obtinrent des traités de commerce qui sont l'origine
des capitulations ; ils étaient justiciables du Baile
(bailli) vénitien ou du consul gênois. Les Gênois
furent même exemptés du droit d'exportation des
esclaves (1288) dont le commerce était florissant.

La ville commerçante était Aïas, qui rivalisa avec
Alexandrie d'Egypte, et qui fut prise par les Egyptiens
en 1322.

Les commerçants de Montpellier en 1314, ceux de
Provence en 1331, obtinrent des traités de commerce
analogues (*Tournebize*).

A la mort de Salah ed Din (Saladin), ses trois fils
se partagèrent ses états (royaumes aïoubites, d'Aïoub,
aïeul de Saladin) :

Egypte ;
Damas, Jérusalem, Basse Syrie ;
Alep, Haute Syrie.
Mais Malik Adel Séif ed Din Abou Beker, leur

oncle, s'empara des deux premiers royaumes.   Il est connu sous le nom de Saphadin (1200-1218).

La quatrième croisade (1202-1204) — (Boniface de Montferrat, Thibaut de Champagne, Geoffroy de Villehardouin), embarquée sur des vaisseaux vénitiens, alla conquérir Zara pour les Doges ; puis elle fut détournée sur Constantinople où Beaudoin, comte de Flandre, fut proclamé empereur latin de Constantinople.   Cet empire allait durer de 1204 à 1261, date à laquelle, Michel VIII Paléologue, fondateur de la dynastie des Paléologues, reprit Constantinople (1259-1282).

La cinquième croisade fut amenée par les conquêtes de Saphadin, qui avait enlevé Tripoli de Syrie et ne laissait pas de répit aux derniers états francs.

Elle fut dirigée par Jean de Brienne, roi de Jérusalem, qui était le gendre de Léon II d'Arménie, et par le légat Pélage.   Le roi de Hongrie, André II (1205-1235), en faisait partie.

Elle arriva en 1218 devant Damiette.   Malek Kamel Meleddin, fils de Saphadin, venait d'être reconnu sultan d'Egypte et luttait contre son frère installé à Damas.

Mais les croisés ne surent pas utiliser ces dissensions et la croisade se termina en désastre.

En mourant, Léon II laissa le trône à sa fille Zabel ou Isabelle (1219-1226) âgée de dix ans. .

Le Baile (régent) Adam de Gaston, fut assassiné en 1221 par les Assassins (Ismaïliens). Son successeur Constantin, de la famille Arzerounide des Héthoum de Lampron, maria la jeune reine à Philippe, fils de Raymond de Tripoli ; puis il fit empoisonner ce dernier et voulut forcer Zabel à épouser son fils Héthoum.

Zabel s'enfuit à Séleucie Trachée (Sélefké, sur le Calycadnus), fut livrée par Bertrand, Grand Maître des Hospitaliers, et, sur les instances du patriarche Jean VII, se résigna au mariage avec Héthoum.

Celui-ci fut reconnu comme roi sous le nom de Héthoum I en 1226. Il régna 44 ans (1226-1270).

Héthoum débuta comme tributaire du sultan d'Ikonium, ou de Roum, comme on disait alors, Kaïkobad (1220-1237).

C'est pendant cette période qu'eut lieu la 6e croisade (1228-1229). Frédéric II, empereur d'Allemagne, gendre de Jean de Brienne, roi de Jérusalem, se fit céder Jérusalem par Malek Kamel, à titre de présent et sous la réserve d'y conserver la mosquée d'Omar : ce pourquoi Frédéric II fut excommunié par le pape Grégoire IX (1227-1241).

Les successeurs de Malek Kamel reprirent la guerre contre les Francs ; Jérusalem retomba entre leurs mains ; les croisés ne conservant plus que Joppée (Jaffa), Ptolémaïs, Césarée, Arsouf et Antioche. La lutte continue d'ailleurs entre Damas et le Caire.

C'est alors que se produit l'invasion des Mongols. Gengis Khan (Témoudjine, surnommé Tchinguiz Khan, roi auguste) maître de la Tartarie et de la Chine septentrionale, se retourna vers l'occident en 1219. Du premier élan, ses hordes parvinrent à la Caspienne ; l'Azerbeidjan notamment fut envahi.

Retourné à sa capitale, Karakorum, Gengis Khan qui dominait un empire de plus de dix mille kilomètres de longueur, fit continuer ses conquêtes. Djelal ed

Din Mangberti, un des souverains dépossédés par les Mongols, envahit à son tour l'Arménie ; il ravagea la Géorgie chrétienne, l'Ararat, Erzeroum, Khlat (Achlat, ouest du lac de Van). Le sultan d'Ikonium, Ala ed Din Kaikobad (1220-1237) se mit à la tête d'une coalition dont faisait partie Héthoum I, qui repoussa Djelal ed Din, lequel fut assassiné par un kurde (1231) dans le Diarbékir.

A la suite de ces invasions, une nouvelle émigration, partie de la grande Arménie, vint renforcer l'élément arménien en Cilicie où elle fut bien reçue.

Ala-ed-Din Kaikobad fut assassiné par son fils Gaïath ed Din Kaikhosrou II (1237-1247).

Gengiz Khan ayant cédé le trône à son fils, Oktaï Khan, celui-ci ne put prendre Bagdad, défendue par le khalife abbasside Mostancer (1226-1243). Mais une de ses armées se porta sur l'Arménie, sous les ordres de Tcharmagan Nouïan, détruisit Kantzag (Elisabethpol), Ani, Kars.

Un nouveau général, Batchou, (1242), sous Gaiouk ou Kouiouk Khan (1241-1251) enleva Erzeroum (qui faisait alors partie du sultanat d'Ikonium). Kaikhosrou II fut battu près d'Erzengan, perdit Césarée, Sébaste, Erzenga. Il envoya sa famille en Cilicie, pour la mettre à l'abri de l'invasion.

Mais Héthoum I s'empressa d'envoyer sa soumission à Batchou et lui livra la famille du sultan d'Ikonium. Celui-ci avec l'appui des seigneurs ardzérounis de Lampron, vint par vengeance ravager la Cilicie, et parut devant Tarse. Mais il fut finalement battu et tué, avec l'appui des Tartares.

Un nouveau khan, Mangou, avait pris le pouvoir en 1251. Héthoum alla lui rendre hommage à Karakorum (1254-1255). Il en fut bien accueilli.

Il en reçut même des contingents tartares avec lesquels il s'empara de Germanicopolis (Ermenek sur le Gok Tsou) et de l'Isaurie aux dépens des sultans d'Ikonium.

Tandis que Mangou faisait conquérir la Chine par son frère Koublaï, il envoyait en Asie Mineure son autre frère, Houlagou. Celui-ci envahit le sultanat d'Ikonium. Héthoum I faisait partie de son armée avec son contingent arménien. Le pays fut ravagé, les habitants massacrés.

Houlagou se retourna ensuite contre Baghdad, refusa d'écouter les propositions du khalife abbasside Mostasem, enleva la ville d'assaut et la pilla ; sa richesse frappa de stupeur ces bandes qui depuis quarante ans ravageaient le monde. Mostasem fut étranglé et traîné autour de la ville (1258). Le massacre dura quarante jours. A la même époque Houlagou faisait disparaître la domination des Assassins en Perse. Notamment, il prenait et détruisait le fameux château d'Alamout (au N. O. de Téhéran Nid d'Aigle, 1270). Depuis cette époque le " Vieux de la Montagne " est allé résider à Bombay, où il vit actuellement des envois volontaires de ses fidèles, les Ismaïli.

Les Mongols détruisirent ensuite le sultanat d'Alep, celui de Damas, prirent Edesse, Hamid. Ils menaçaient Jérusalem et l'Egypte.

Saint-Louis avait dirigé la 7ᵉ croisade contre l'Egypte (1248-1254), (prise de Damiette, défaite de

Mansourah). S'étant racheté, il visita les chrétientés de Syrie et rentra en France en 1254.

À cette époque, le sultan de Damas avait rendu aux Francs, Tibériade, Jérusalem et Ascalon, pour obtenir leur alliance contre les Mongols et contre les Kharizmiens qui fuyaient devant eux. Mais le sultan d'Egypte reprit Jérusalem (1240-1245). En 1248, il battait et prenait Saint-Louis à Mansourah. En 1250, les Mamelouks s'emparent du gouvernement de l'Egypte et conquièrent la Syrie, les états chrétiens et la Mésopotamie.

Cette conquête est facilitée par les divisions des Mongols causées par la mort de Mangou Khan (1260).

Jusqu'ici les souverains mongols n'ont pas été hostiles aux chrétiens ; ils ont même protégé leur culte. Le christianisme a pénétré dans leurs familles.

Mais Bibars (1260-1277) (le Pendoukhtar des Arméniens, encore appelé Bondokdari, du nom de son ancien maître), sultan mamelouk d'Egypte, ancien esclave bulgare, allait leur faire une guerre acharnée.

Hethoum I se trouvait vassal des Mongols et allié de Bohémond IV, prince d'Antioche, que Bibars avait attaqué sans succès en 1262.

Bibars fit envahir la Cilicie; l'un des fils d'Héthoum, Léon, fut pris, l'autre tué. Amouda, Sis, furent enlevées (1266), puis Missis, Adana, Aïas, Tarse.

En 1268, Antioche tomba à son tour après 170 ans d'indépendance (1099-1268).

La même année, Héthoum dut se résigner à la paix, les Mongols ne se trouvant pas en état de lui fournir un secours suffisant, malgré qu'il eût été lui même le chercher.

Héthoum abdiqua et se fit moine (1269).

Son fils Léon III (1269-1289) lui succéda.   Il eut d'abord à lutter contre ses seigneurs qui appelèrent Bibars.   Cette invasion égyptienne (1274-1275) fut encore plus désastreuse que la précédente.

Sis, Tarse, Aïas furent prises et ravagées.

Bibars mourut en 1277.   Son successeur, Kalaoun Malek Mansour, également ancien esclave, fut attaqué par les Mongols commandés par Mangou Timour. Les chrétiens (Arméniens, Géorgiens, Francs) avaient fourni un contingent de 25.000 hommes aux Mongols. La bataille eut lieu à Emesse (Homs) (1281) et fut une victoire complète pour Kalaoun.   Une armée Egyptienne vint encore ravager la Cilicie et prendre Aïas (1283).

En 1285, par l'entremise des Templiers, Kalaoun accorda une trève de 10 ans, 10 mois, 10 jours, à des conditions désastreuses.   Les musulmans notamment étaient autorisés à trafiquer des esclaves de toutes religions en Cilicie.

Les cinq années de paix qui suivirent suffirent cependant au royaume arménien pour redevenir prospère (1285-1289), malgré la peste et la famine causées par la dernière guerre. Ajazzo ou Aïas, Tarse, redevinrent des centres florissants, intermédiaires entre les Indes et l'Europe.   L'Egypte était fermée aux chrétiens : Vénitiens et Gênois, alors rouliers de la Méditerranée, allaient donc en Cilicie.   Les marchandises des Indes remontaient le Tigre et, par Baghdad, gagnaient Aïas ; une route plus sûre, mais plus longue, remontait le Tigre jusqu'à la Grande Arménie et gagnait également Aïas par Marache.

Cette époque est également remarquable par la production littéraire; des centaines de manuscrits nous en sont parvenus.

Héthoum II ou Hayton II (1289), fils aîné de Léon III, lui succéda. Peu fait pour être roi, il abdiqua trois fois pour se retirer dans un couvent; trois fois replacé sur le trône, il périt assassiné par le général mongol, Bilargou en 1308.

C'est un règne confus, dominé par la lutte contre les mamelouks, que vient aggraver, vers 1300, la conversion des Mongols à l'Islamisme.

Héthoum demanda l'appui du pape Nicolas IV, du roi de France Philippe IV le Bel (1285-1314). Mais celui-ci engagé en Guyenne contre les Anglais, en Flandre où il est battu à Courtrai (1302),excommunié par le pape Boniface VIII (1294-1303) pour avoir établi un impôt sur le clergé, amené à établir comme pape à Avignon l'archevêque de Bordeaux, Bertrand de Goth, Clément V (1309-1314), situation qui durera jusqu'en 1377, et ayant aboli les Templiers en 1314, se trouvait hors d'état d'agir à l'extérieur. D'autant plus que Alphonse III, roi d'Aragon, don Jayme, roi de Naples, concluaient des traités de commerce avec Kalaoun.

Celui-ci prenait Tripoli en 1289 ; son fils et successeur, Malik Achraf Khalil, prenait St. Jean d'Acre en 1291, puis Tyr, Sidon, Beyrouth ; en 1292, il prenait Roum Kaleh ; toutes ces villes furent détruites. Le catholicos Etienne qui se trouvait à Roum Kaleh (Romcla) fut emprisonné à Damas.

Héthoum dut céder au sultan, Marache et ses environs.

Mais Achraf fut assassiné en 1294.

Héthoum, en 1293, céda le trône à son frère Thoros (1293-1295). Celui-ci conclut la paix avec le nouveau sultan d'Egypte, Malik Adel Zen ed Din Ketbogha, qui rendit le bras droit de Grégoire l'Iluminateur, pris à Roum Kaleh en 1292. Cette relique, nationale pour les Arméniens, passe pour indispensable à la consécration du catholicos.

Rappelé sur le trône, Héthoum chercha à se concilier l'appui des Mongols. Il alla à Tauris, où il parvint à obtenir un traité favorable de Ghazan (*) alors souverain mongol de la Perse. Il maria ensuite ses sœurs, l'une à Michel, fils d'Andronic II Paléologue (1283-1325), l'autre au frère du roi de Chypre.

Il s'assurait ainsi l'appui des Mongols, des Grecs et des Francs.

En 1296 il se rendit à Constantionple. Pendant son absence son frère Sempad ou Sempath laissé comme régent se fit sacrer à Sis par le patriarche Grégoire VII d'Anazarbe (1294-1307) et empêcha Héthoum et Thoros de rentrer en Cilicie à leur retour. Sempad était marié à une princesse mongole.

Peu après, il fit étrangler Thoros et aveugler Héthoum.

Le quatrième frère, Constantin, renversa alors Sempad et délivra Héthoum. Mais il se fit proclamer roi. Il se trouva que Héthoum, mal aveuglé, y voyait encore ; soutenu par les Templiers et les Hospitaliers, il reprit son trône et envoya Sempad et Constantin prisonniers à Constantinople (1299).

____

(*) Mahmoud Ghazan Khan, empereur Mongol de la Perse (1271-1304).

Dans l'intervalle le nouveau sultan d'Egypte, Latchine, ravagea les états de Constantin (1298); celui-ci dut accepter une paix très onéreuse.

Mais lorsque Héthoum eut repris le pouvoir, une armée mongole victorieuse des Mamelouks à Sivas, vint remporter une grande victoire à Homs (1299), avec l'aide des Arméniens et des Géorgiens. La Syrie fut enlevée aux Mamelouks.   Mais un an après, ceux-ci en étaient de nouveau les maîtres.

L'Arménie payait alors tribut aux Mongols et aux Egyptiens.

En 1303, ceux-ci furent victorieux près de Damas. Héthoum se réfugia chez les Mongols à Ninive (*Tournebize*).

Mais le khan Ghazan s'était fait musulman en 1296. Son frère Oldjaitou Kharbendeh (1304-1317) persécuta sérieusement les chrétiens de la Grande Arménie, de l'Ibérie, de l'Albanie, pour les obliger à embrasser l'islamisme.

Néanmoins, les Mongols aidèrent encore les Arméniens à repousser une invasion mamelouk en 1305.

Cette même année, Héthoum fit couronner à Sis son neveu Léon IV (1305-1308), âgé de 16 ans.

Le nouveau roi chercha à se rapprocher des Latins pour en être appuyé.   Il envoya une ambassade au pape Clément V.

Deux conciles à Roum Kaleh (1178 et 1179) avaient prononcé l'accord de l'église arménienne avec l'église grecque.   Quatre conciles de Sis (1307, 1309, 1342, 1361,), un d'Adana (1316) essayèrent d'établir l'accord avec la papauté alors double (Rome et Avignon).

Le parti vieil arménien s'irrita de ces tendances et, avec son appui, le général musulman mongol Bilargou

Khan fit massacrer Héthoum et Léon IV, avec 40 de
leurs fidèles à Anazarbe (1308).

Le dernier frère d'Héthoum, Ochine ou Oschin I
(1308-1320) chassa Bilargou, que le Khan Oldjaitou
fit mettre à mort.

Le sultan d'Egypte, Malik en Nacer Mohammed
avait repris la guerre. Mélitène fut enlevée et tous
les chrétiens vendus comme esclaves. (1315).

En 1319, un sultan de Lycaonie vint se faire
battre à Pompéiopolis (Soli).

Les Egyptiens arrivèrent en 1320 jusqu'à Sis.
Oschin mourut à ce moment.

Il avait envoyé des ambassadeurs aux papes
Clément V (Avignon) et Jean XXII (1316-1334)—
(Avignon); deux ambassades en 1314 et 1315 auprès
de Philippe de Valois restèrent sans résultat; la
guerre de cent ans (1337-1453) allait commencer,
et déjà la lutte entre Edouard III (1321-1377)
et Philppe VI était entamée; Crécy est de 1346.

Oschin laissait un royaume réduit à la Cilicie; on
commençait à ne plus lui donner que le titre de roi
de Sis.

Son fils Léon V n'avait que dix ans (1320-1342).
Oschin, comte de Gorrighos, fut régent; il fit épouser
sa fille Alice au roi Léon, et épousa lui-même la reine
douairière Jeanne. Enfin il nomma sbarabed
(Connétable) son frère Constantin.

L'empire de Malik Nacer Mohammed s'étendait
alors du Nil au golfe Persique. La Syrie, la Palestine,

la Mésopotamie lui étaient soumises ; seule Chypre, et dans une certaine mesure, l'Arménie lui échappaient.

Sur le bruit, d'ailleurs inexact, d'une nouvelle croisade, Nacer jeta sur la Cilicie, outre ses troupes, celles du général mongol d'Ikonium et de celui de la Lycaonie.   Pendant deux années la Cilicie fut affreusement ravagée.   Cependant, sur l'intervention du khan mongol de Perse, Abou Saïd (1317-1335), Nacer consentit à la paix (1323), moyennant notamment un tribut annuel de 50.000 florins.

Philippe VI de Valois envoyait 10.000 besants d'or en 1331 et 1.000 florins en 1333.   Mais le pape autorisait pour deux ans les Génois à cemmercer avec l'Egypte.

Léon V fit arrêter et décapiter en 1329 son régent Oschin. comte de Gorrighos, dont il envoya la tête à Malik-en-Nacer, et le connétable Constantin, dont le chef fut adressé au khan mongol Abou Saïd.   Il tua sa femme peu après. Veuf à 19 ans. il épousa Constance Eléonore. fille de Frédéric II. roi de Sicile (1333).

Sur un nouveau bruit de croisade, Nalik-en-Nacer fit envahir la Cilicie d'abord par l'émir d'Alep, Altoun Bougha, qui alla jusqu'à Tarse, puis par les Karamans. Après deux ans de désastres (1335-1336), Léon V dut céder le pays jusqu'au Djihan, et jurer de n'avoir plus aucune relation avec l'Occident.

Le Catholicos Jacques II de Tarse (1327-1341) était à la tête des Arméniens hostiles à l'influence occidentale ; les mécontents assassinèrent Léon V en 1342.

Léon V mourait sans héritiers ; la dynastie des Roubène avait duré 250 ans.   Après une période brillante, elle laissait son pays épuisé et diminué. Mais à côté de voisins comme les Mongols, les Seldjoukides, les sultans Aïoubites d'Egypte, il y avait peu d'espoir de garder l'indépendance. En tous cas, ce n'eut été possible qu'avec une union complète, alors que les querelles sanglantes furent sans cesse renouvelées autour de ce pouvoir qui se délitait. Les Croisades, d'abord heureuses pour l'Arménie, lui furent ensuite fatales, en lui attirant la méfiance de ses voisins, injustifiées d'ailleurs, puisque l'Europe, occupée de ses luttes, ne pouvait plus rien faire en Asie.

Les derniers efforts de l'Arménie allaient être dirigés par la famille française des Lusignan, qui s'était fait connaître à Jérusalem et à Chypre.

Cinq rois de cette famille se succédèrent sur le trône de 1342 à 1375. Des quatre premiers, trois furent assassinés.

Léon V avait laissé son trône par testament à Guy ou Guiton de Lusignan, son cousin, fils d'Amaury de Lusignan, roi de Chypre, et d'Isabelle, tante de Léon V et arménienne. Il avait été élevé chez les Grecs à Byzance et était réputé pour sa bravoure.

Il négocia avec Clément VI (1342-1352),(Avignon), Philippe VI de Valois, Edouard III ; ces négociations lui aliénèrent le parti religieux arménien. Et ses nobles le tuèrent avec son frère Bohémond et 300 "Franks" (1345).

Les seigneurs élirent alors roi Constantin IV (1345-1362), fils du maréchal Beaudoin, mort prisonnier à Antioche en 1336. Il avait épousé Marie, fille du Baile Oschin et de Jeanne d'Anjou. Il commença par essayer de faire périr les neveux du roi précédent ; mais ils purent gagner Chypre.

Son règne paraît avoir été une réaction contre l'occidentalisme du règne précédent. Cependant il fut en relations avec Clément VI, Philippe VI, Edouard III. Mais les circonstances lui étaient défavorables, car, Venise, en guerre avec Gênes, ne voulait pas compromettre son commerce avec l'Egypte; les chevaliers de Rhodes eux-mêmes avaient fait la paix avec l'Egypte.

On croit que Constantin IV, auquel certains historiens donnent seulement le numéro II, mourut vers 1362, sans héritier.

Il aurait eu pour successeurs un parent de son prédécesseur, Constantin III ou V, et un héritier des Lusignan, Pierre I. Ce Constantin paraît avoir été assassiné en 1369 et Pierre en 1373.

Cette période est marquée par le pillage de l'île de Chypre par les Gênois (1373).

Le Catholicos Constantin IV (1372-1374) et les seigneurs arméniens offrirent alors la couronne de Sis, car c'était à cela que se réduisait l'Arménie Mineure, à Léon de Lusignan, sénéchal de Jérusalem, alors réfugié à Chypre et époux de Marguerite de Soissons, fille de Jean de Soissons, bailli de Famagouste.

Léon refusa longtemps ; après mille déboires, il parvint à gagner Sis qui était tout son royaume avec Anazarbe : encore payait-il tribut aux Turcomans.

Il y fut assiégé par les troupes de l'émir d'Alep, Seif ed Din Ichqtimour, pour le compte de sultan d'Egypte, Malik Aschraf Chabane (1363-1377), dès l'année 1374. Après une résistance acharnée, entravée d'ailleurs par les complots habituels, il dut se rendre le 13 avril 1375.

Envoyé au Caire par terre, il y arriva le 9 juillet.

Racheté par le roi Jean de Castille, il quitta Alexandrie
le 7 octobre 1382, se rendit à Avignon auprès du pape
Clément VII, malgré les efforts du pape de Rome
Urbain VI (1378-1389). De là, il se rendit en Castille,
où le roi Jean lui donna les villes de Madrid, Villaréal
et Andujar ; Charles II le Mauvais, roi de Navarre
(1332-1387), Gaston III Phœbus de Béarn (1331-
1391) comte de Foix, lui firent grand accueil. Reçu
par Charles VI (1380-1422), il tenta d'arrêter la guerre
de Cent ans. Passé en Angleterre en 1385, auprès de
Richard II (1377-1399), il obtint de celui-ci d'envoyer
en 1386 des commissaires pour traiter avec la France ;
les négociations eurent lieu à Lelinghen (entre Calais
et Boulogne) ; après quatre mois, elles échouèrent.

Il mourut le 29 novembre 1393 (année arménienne
842), au palais des Tournelles, rue Saint-Antoine, en
face de l'hôtel de Saint-Pol de Charles VI.

Il fut enterré aux Célestins. Sa dalle funéraire,
aujourd'hui à Saint-Denis, porte : Lyon de Lysingue
Quint, roi Latin du Royaume d'Arménie. (*Tournebize*).

Il dit un jour à Charles VI cette phrase prophé-
tique : " Que le salut des chrétiens d'Orient dépendait
de l'alliance de la France et de l'Angleterre. "
(*Chahnazarian*).

Jacques I de Lusignan, roi de Chypre, prit le titre
de roi d'Arménie. Venise acheta ce titre en 1489.

Mais en 1458, Charlotte de Lusignan, reine de
Chypre ayant épousé le duc de Savoie, les rois de
Piémont ont pris aussi le titre de roi d'Arménie.

Après la capitulation de Sis, quelques lambeaux
de territoire résistèrent encore. On peut citer :

Séleucie (Sélefké) défendue par des Hospitaliers ;

Antioqueta et Siguinon, par les Chevaliers de Rhodes ;

Gorigos ou Korikos, par le roi de Chypre et que la trahison de Jean de Bologne devait livrer au prince de Konieh, Ibrahim-Bey Caramanli (1448).

Celui-ci s'empara des derniers points, ainsi que de la petite Arménie.

Mahomet II (1451-1481), puis Bajazet II (1481-1512), conquièrent ensuite cette région, mais les Arméniens de Zéitoun et de Hadchin maintiennent intrépidement une sorte d'indépendance jusqu'à la guerre actuelle.

QUELQUES NOTIONS
SUR L'HISTOIRE DE L'ARMÉNIE
DE LA FIN DE L'INDEPENDANCE A NOS JOURS
(1375-1917).

La Grande Arménie avait été pendant cette période le théâtre des dévastations que comportaient les multiples invasions subies.

Tamerlan ou Timourleng, mongol des environs de Samarkand, celui qui construisit une pyramide de soixante dix mille têtes devant Ispahan, envahit l'Arménie en 1387, prit Van, dont il fit précipiter les habitants du haut de la citadelle ; puis Sivas, dont les défenseurs furent enterrés vifs.

Il conquit les Indes (Delhi), détruisit Bagdad en 1401 s'avança jusqu'à Ancyre (Angora) et y battit et prit le sultan Bajazet I (1402). Mais il mourut en 1405 à Otros, à l'âge de 69 ans, alors qu'il allait envahir la Chine.

Puis un kurde, Iskander, prit le titre de Shah Armen.

Mahomet II, ayant pris Constantinople (1453), parut en 1473 en Grande Arménie ; en 1514 ce fut Sélim I, en 1585 Mourad, au cours de leurs luttes contre les Persans.

Un des souverains persans, Shah Abbas I le Grand (1557-1628), pour arrêter les incursions des Turcs, transforma la plaine de l'Araxe en désert : Erivan, Nakhitchévan, Ordoubath (Ordoubad), plusieurs centaines de villages furent détruits (1604) ; toutes les cultures furent arrachées ; 25.000 familles arméniennes furent envoyées en Perse ; certaines d'entre elles allèrent s'établir en Chine, à Malacca, à Sumatra et à Java.

Au commencement du XVIIIe siècle, l'Arménie se trouvait partagée entre la Perse et la Turquie. La limite des deux empires était à peu près l'Arpatchaï.

À la fin du XVIIIe siècle, les Russes passèrent le Caucase ; ils s'emparèrent de Kandja, au sud du Kour, qu'ils appelèrent Elisabethpol, de Noukhka (au nord du Kour, en face d'Elizabethpol); de Shoucha (au sud d'Elizabethpol), et, dans l'ouest d'Akhaltzika, Goumri, (Alexandropol), Erivan, avec Etchmiadzin, Nakhit-chévan, Ordoubad, soit près d'un million et quart d'habitants, dont plus de 500.000 arméniens.

Au cours de leur histoire, soit de gré soit de force, les Arméniens avaient essaimé maintes colonies du côté de la Russie.

En 1133, on les trouve nombreux à Kiev et ils prennent une part active au Concile de Kiev en 1157. Ils formaient une colonie importante chez les Bulgares, dont la capitale était alors près de Kazan, à Bulgars ; au point que l'un d'eux, Samuel, né près d'Erzeroum, fut roi des Bulgares.

Les Mongols du " Trône d'or " qui avaient envahi la Grande Arménie au XIIe siècle, établirent des colonies arméniennes à Astrakhan, Kazan, Nijni-Novgorod.

Quand, au XIVe siècle, Mamaï, khan des Tartares, fit la guerre au Grand-Duc de Russie, Démétrius, il disposait de plusieurs bataillons arméniens.

À Moscou, le quartier de la ville blanche (Belgorod), était arménien.

La Crimée, avant d'être conquise par les Gênois au XIIe siècle, était arménienne ; la ville de Kaffa (Théodosie) en comptait plus de cent mille.

Lors de l'invasion de Tamerlan (1370-1405), les

Arméniens de la Volga se réfugièrent également en Crimée, qui devint un pays d'une prospérité commerciale très grande. Il y avait alors deux évêques arméniens dans cette contrée.

On trouve à cette époque des colonies arméniennes importantes à Czernovitch, Kamenetz, Stanislau, Lemberg, Varsovie.

Lors de la conquête de la Crimée par les Turcs, les Arméniens furent massacrés ou s'enfuirent en Pologne. On assure que 40.000 familles s'enfuirent ainsi.

Casimir III (1333-1370), Sigismond, Vladislave IV, leur donnèrent droit de cité, liberté de conscience, législation à part ; les Arméniens firent de la Pologne un pays commerçant et prospère.

Mais, persécutés par les jésuites au XVIIᵉ siècle, leurs églises et leurs écoles furent fermées. La persécution dura 23 ans. Les Arméniens gagnèrent alors la Saxe, la Bavière, la Hollande, l'Angleterre; certains rentrèrent en Turquie. Ceux qui restèrent durent changer de religion.

Pierre le Grand ordonna à son sénat, le 2 mars 1711, de protéger les Arméniens de Perse; le 28 janvier 1717, il ouvrit la Russie aux Arméniens de Turquie. Ainsi encouragés de tous côtés, les Arméniens vinrent s'établir en Russie ; ils y apportèrent notamment la culture du mûrier et l'industrie de la soie.

Catherine II fonda deux villes arméniennes sur le Don, Nakhitchévan et Grégoriopol, qui eurent 15.000 habitants.

90.000 Arméniens Turcs en 1828-1830, 40.000 de Perse, vinrent habiter les territoires russes du Caucase.

Bien que les Arméniens n'aient pas eu à se louer

de l'administration russe (les Cent Noirs à Bakou *),
le minimum de sécurité qui leur était assuré à eux et
à leurs biens a permis un développement commercial
et industriel, et surtout agricole, remarquable. Car la
race arménienne est surtout une race de cultivateurs; sa
terre est toujours bien cultivée, à la moindre période
de tranquillité.

L'article 61 du traité de Berlin obligeait la Porte
a réaliser en Arménie les réformes nécessaires. Il
resta lettre morte. L'Angleterre se méfiait de la
Russie ; l'Allemange soutenait la Turquie ; la France
était occupée à panser ses propres blessures, plus
profondes qu'elle ne l'avouait, mais moins mortelles
qu'on ne le croyait autour d'elle.

Le sultan rouge Abd ul Hamid était trop avisé
pour ne pas profiter des circonstances.

1894-95-96, massacres qui débutent à Sassoun :
300.000 victimes.

Projet de réformes de 1895 (Angleterre, France,
Russie, hostilité de l'Allemagne et de l'Autriche).
La Russie officielle préférait " une Arménie sans
Arméniens," (*prince Lobanof*).

L'Europe avait bien arrêté la " répression " de
l'insurrection de Zéitoun, en 1895, où 5.000 arméniens
tenaient tête à 30.000 turcs commandés par Edhem
Pacha, le vainqueur du futur roi Constantin de Grèce.

Mais en 1896, les révolutionnaires s'emparèrent
de la Banque Ottomane à Péra. La diplomatie s'employa à leur faire abandonner leurs gages, puis les

(*) Cette guerre arméno-tartare dura dix-huit-mois. Le Gouvernement... ne sortait de sa neutralité que pour aider les " Cent
Noirs " tartares contre les Arméniens (1905) " *Varandian* "

abandonna au sultan rouge, que Guillaume II visitait peu après.

En 1903, "insurrection" de Sassoun, c'est-à-dire gens qui se montrent récalcitrants au pillage de leurs biens, au viol de leurs femmes, à la vente de leurs enfants. Pendant trois mois, Andranik, chef des insurgés, résista aux Turcs et aux Kurdes. La répression fut atroce et complète : l'Europe ne fit rien.

La révolution jeune turque est de juillet 1908.

En 1912, la Russie prit l'initiative de proposer des réformes en Arménie ; l'Allemagne l'appuya. Un comité se forma à Paris avec, à sa tête, Boghos Nubar Pacha. Toute l'Arménie était d'accord et espérait. Mais les Jeunes Turcs soulevèrent des troubles : l'Allemagne atténua les propositions soumises.

Sur ces entrefaites la Grande Guerre éclata.

Ce fut l'extermination en masse que l'on connait, *made in Germany*, exécutée en Turquie d'Asie par les Turcs.

Il est nécessaire de préciser que les Arméniens se sont défendus partout où ils en ont eu les moyens.

Il y a eu combat à Zéitoun, à Orfa, au Djebel Moussa, où 5.000 personnes furent recueillies par une escadre française ; à Van, où pendant un mois la lutte fut héroïque et ne cessa qu'à l'arrivée victorieuse des bataillons arméniens du Caucase et de l'armée russe (*Varandian*).

Malgré les affreux massacres subis, qui ont entraîné l'anéantissement de tout un peuple, on peut avoir confiance dans l'avenir de la race arménienne, qui a su se conserver vivante depuis une antiquité qu'aucun peuple au monde ne possède.

NOTIONS HISTORIQUES
SUR L'ORGANISATION SOCIALE ET RELIGIEUSE
DES ARMÉNIENS

Les peuplades primitives de l'Ourartou étaient surtout agricoles ; elles possédaient de nombreux troupeaux ; les habitations étaient souterraines et on y abritait les animaux pendant l'hiver.

L'industrie des métaux, la fabrication des armes ont été développées de très bonne heure.

Ces peuplades adoraient un Dieu suprême, protecteur spécial de la nation, Khaldis (comparez Assour, Bel, Iaveh Sabaoth, dieux d'Assyrie de Chaldée, de Judée) et, dans certaines localités avaient des temples pour l'air (Théisbas), le soleil (Ardenis), etc.

L'organisation était nettement féodale. Les seigneurs, désignés sous les noms de Nakharar, Ischkan, Bdeichk, Chahap (satrape), étaient héréditaires. Ils disposaient de châteaux forts, construits sur les pics les plus escarpés, où ils renfermaient leurs richesses, leurs provisions, et, en cas de danger, leurs familles et leurs vassaux, et autour desquels se groupèrent des bourgs, parfois des villes.

Les rois d'Arménie ne purent jamais, pas plus que les rois Parthes, réagir contre cet état de choses. De plus, nombre de ces familles féodales, d'origine étrangère, (les Mamigoniens étaient chinois, les Bagratides ou Pahlavides étaient d'origine caucasique, les Gamsaragans étaient parthes, les Ardzérounis descendaient des rois de l'Ourartou, les Sunides étaient Scythes), orgueilleuses de leurs origines, se croyaient les égales de la race royale.

D'ailleurs, à l'exemple de la royauté parthe, les rois d'Arménie avaient créé des charges héréditaires :

l'*Hazarabet*, surintendant des campagnes (institution perse) chargé également de recueillir les impôts ;

le *Sbarabet*, commandant, de l'armée (ce furent d'abord les Bagratides, puis les Mamigoniens) ;

le *Marzdbet*, sorte de chambellan, gardien du harem royal, administrateur des domaines royaux, commandant des châteaux royaux ;

les *Malkhes* (royaux) sortes d'aides de camp.

Tous les seigneurs, et ils étaient plusieurs centaines, avaient le droit de s'asseoir à la table royale ; et c'étaient eux qui décidaient de la succession au trône.

La nation se partageait donc en deux groupes : les nobles, propriétaires héréditaires du sol et souvent de ses habitants, (Azat ou Izat), et les serfs ou Chinacans.

Le chef de famille était tout puissant ; la polygamie était générale dans les classes nobles.

L'Arménie, après la migration des Armens, adopta comme divinités Anahit, dont le culte était général alors en Asie, et qui devint la déesse nationale du pays ; c'est en son honneur qu'on célébrait le Varthavar ou Vardavar (fête des roses).

Avec Anahit, les dieux principaux étaient : Vahagn ou Vahac, dieu masculin et Astlig ou Astghik, déesse analogue à Astarté.

Outre cette trinité, on croyait aux bons génies ou Kalchk, et aux mauvais génies ou Aïss.

L'Arménie emprunta ensuite les divinités perses ou helléniques ; elle eut des temples pour le culte du

feu, pour Mihr (le soleil), pour Aramazd, et elle en eut
pour Nané (Athênê), pour Tir (Apollon) ; elle en eut
aussi pour Baal.

Le peuple, dont personne ne se préoccupait, et
qui, en revanche, restait indifférent aux querelles de
ses maîtres, avait surtout pour religion une croyance
aux Devs, génies malfaisants, qui se laissaient parfois
apercevoir sous la forme de serpents blancs.

Il était utile de rappeler ces croyances antiques,
parceque plusieurs de leurs cérémonies ont été
adoptées par le christianisme et que certaines de leurs
manifestations sont restées dans les habitudes
mondernes (fête des roses, jour de l'an, etc).

Les Arméniens de cette époque avaient de sérieuses
qualités guerrières. Partout où ils paraissent, les
historiens les représentent comme des soldats
vigoureux.

Il fournissent surtout des cavaliers, armés comme
les Phrygiens : lance, sabre, arc, bouclier, cuirasse et
casque (*Hérodote*).

Les monnaies cessent d'être frappées à partir des
rois imposés par Rome. On employa les monnaies
romaines, puis les monnaies sassanides. Sous les rois
de l'Arménie Mineure, on trouve encore des monnaies
à leur effigie, souvent avec des inscriptions arabes. La
plupart du temps les inscriptions sont faites en
caractères grecs.

Il ne faut pas trop s'étonner que la précision des
renseignements possédés sur l'histoire de l'Arménie
antique soit plus grande que celle de la période du VI
ou VII⁰ siècle. Avant l'invention des parchemins,
l'histoire s'inscrivait sur les briques de Babylone ou de

Ninive, sur les murs des temples égyptiens (Thèbes, Ramsès II, les Hittites), sur les rochers des montagnes.

C'est ainsi qu'on a retrouvé à Baghistan (Bisoutoun), à 40 kilomètres à l'est de Kermanschah, une immense inscription de 1000 lignes, large de 45 mètres, haute de 30 mètres, écrite en perse, en mède, en assyrien, où Darius, fils d'Hystaspe, raconte sa victoire sur Babylone ; c'est du déchiffrement de cette inscription trilingue que date la découverte du sanscrit et du zend, qui a révolutionné notre connaissance de l'histoire ancienne. Tous les termes religieux de l'arménien viennent du zend. Le zend est la langue des Arvas ou Ariens qui peuplèrent l'Iran et en prirent le nom d'Iraniens. Les peuples qui se fixèrent dans les Indes, les Hindous, eurent pour langue le sanscrit.

Cette habitude des inscriptions sur la pierre, qui a donné des renseignements si précis, s'est continuée jusqu'à une époque avancée ; il existe à Ancyre un temple d'Auguste où le vieil empereur, âgé de 76 ans, raconte tout le détail de son règne.

Les prêtres arméniens de la période du paganisme, se disant descendants du dieu Vahaben, prirent le nom de Vahouni ou Vahévouni, et formèrent une sorte de nation à part.

Le christianisme se répandit au IIIe siècle et fut officiellement reconnu par Tiridate III, vers 305, comme religion d'état.

Mais enseigné en grec ou en syriaque, il ne pénétra guère la masse. Les seigneurs eux-mêmes continuèrent à vivre comme précédemment, et le peuple continua à croire aux Devs et aux demi-dieux *Yazetas*.

Avec la création de l'alphabet, au Ve siècle, la situation aurait dû changer. Jusque-là les arméniens s'étaient trouvés pris entre le mazdéisme et le christianisme grec ; sans être aussi catégorigues que les Juifs, qui, à l'époque des Macchabées, luttant contre les Séleucides, condamnaient à mort tout père qui faisait apprendre le grec à ses enfants, les Arméniens n'acceptaient qu'avec regret ces influences étrangères.

Cependant le renouveau de splendeur pris par la langue arménienne après l'invention de l'alphabet (on l'a appelé l'âge d'or de la littérature arménienne) resta limité à une élite cléricale peu nombreuse.

Soit à dessein, soit par incompréhension, aucune tentative ne fut faite pour populariser cette révolution, si considérable pourtant, puisqu'elle a assuré à un peuple de l'antiquité la plus lointaine la conservation de sa personnalité, fait à peu près unique dans l'histoire ; et on est plus mal renseigné sur l'Arménie du VIe ou VIIe siècle que sur celle du Ve.

Il faut arriver jusqu'au XVIIIe siècle pour trouver une véritable expansion de la langue arménienne sous l'impulsion de la congrégation de St. Lazare, fondée en 1715 à Venise par Mekhitar (consolator) de Sébaste.

Le métropolite de Césarée, Saint Basile, avait anathématisé le roi Papa, en lutte contre son clergé, et refusé de consacrer le grand évêque d'Arménie. Papa fit alors sacrer comme patriarche un prêtre de la famille Bagratide. De ce jour ce fut la rupture avec l'Eglise de Césarée. L'adoption de la langue arménienne pour la liturgie accentua le caractère national de la religion arménienne. Les patrirches furent désormais élus par les assemblées où les laïques avaient large place, et après Sahac, prirent le titre de catholicos (primat universel).

L'Eglise arménienne reconnut les trois conciles de Nicée (325), Constantinople (381), Ephèse (431) qui sont communs à Rome et à Byzance. Elle ne prit aucune part aux luttes religieuses qui pendant 100 ans sévirent, de Théodose II à Justinien I; la lutte contre les Perses absorbait tous les efforts (450-484); entre temps, ne se voyant pas soutenue par Byzance, l'Eglise arménienne déclarait se rattacher à l'Eglise d'Alexandrie. La rupture avec Rome et Byzance fut complète après la réunion d'un concile national, vers 507, sous la patriarche Babghen.

La musique instrumentale est interdite dans l'Eglise arménienne.

Une persécution marquée s'établit dans la partie byzantine de l'Arménie, qui faisait accueillir Perses ou Arabes comme des libérateurs.

Au VIII⁰ et au IX⁰ siècle, on eut affaire aux Manichéens (secte née en Perse au III⁰ siècle : lutte du bien et du mal), aux Gnostiques (le corps du Christ n'était pas réel), aux Pauliciens (pas de clergé, pas de dogmes, peu de livres). L'empereur Nicéphore les protégea (802-811), mais devenus un parti politique puissant, ils inquiétèrent Théodora qui en fit massacrer cent mille en 835.

Lorsque l'indépendance arménienne se réfugia en Cilicie, elle fut sollicitée par Byzance, par Rome et par Damas ou Bagdad. A cette époque le latin et le français furent langues officielles à côté de l'arménien. L'organisation sociale resta d'ailleurs à peu près la même, toujours entièrement féodale, se bornant à changer les titres parthes ou perses contre des titres français ou latins correspondants. C'était du reste l'état social de l'Europe d'alors qui ne devait se modifier en France que par l'explosion du mouvement communal.

Dans ces périodes troublées, et plus tard sous la
domination musulmane. puis russe, le patriarchat
arménien représenta, en somme, le setiment national.
Etant donné les circonstances traversées, on ne saurait
lui dénier d'avoir eu une influence aussi heureuse que
possible. Cela tient sans doute à ce que l'organisation
du clergé arménien, intimement lié à la vie de la race,
a un caractère démocratique très marqué. La question
des différences de religion entre les christianismes
arménien, romain et orthodoxe est très délicate ; elle
repose d'ailleurs sur des différences de rites souvent
difficiles à comprendre.

Il faudrait, au reste, pour en avoir une idée précise
étudier toutes les religions de l'Asie Occidentale ; leur
seule énumération dépasserait le cadre de cette note.

SOMMAIRE DE L'HISTOIRE D'ARMÉNIE

L'Arménie actuelle formait aux temps assyriens.
le royaume d'Ourartou, habité par des peuplades
sémitiques. Les Arméniens venus de la Thrace, et de
race européenne, envahirent ces régions vers le VIIIe
siècle avant Jésus-Christ et en absorbèrent les
autochtones.

Sous les empires mède (633-549) et perse (549-331),
l'Arménie fit partie de ces états et leur fournit des
contingents ; la race arménienne s'implanta dans la
vallée de l'Araxe. Après la conquête d'Alexandre,
l'Arménie forma une satrapie macédonienne,(331-323).

Sous les Séleucides (323-187), l'Arménie formait
deux états : l'Arménie Euphratienne ou Arsamonitide
et l'Arménie Araxienne.

La conquête romaine, qui débuta par la bataille
de Magnésie en 187, libéra l'Arménie qui forma deux
royaumes, Euphrate et Araxe. Ce dernier, le plus
important, eut pour capitale Artaxata et fit partie de
la ligue des souverains de l'Asie Mineure sous l'égide
de Rome.

Cependant Mithridate I (174-138) avait fondé
l'empire parthe ; dès 108 cet empire attaqua l'Arménie
araxienne sans succès. Profitant des embarras inté-
rieurs de ce nouvel empire, de la lutte de Rome contre
Mithridate Eupator, roi du Pont, Tigrane II le Grand
(94-56) donna au royaume d'Arménie unifié une
étendue considérable : du Caucase à Ninive avec la
Cilicie et la Syrie. Sa capitale fut Tigranocerta.

Mais à la suite des victoires de Sylla, de Lucullus
et surtout de Pompée, après la défaite de Mithridate,
Tigrane devenu vieux accepta une paix imposée. Ce

règne est la partie la plus brillante de l'histoire
arménienne.

L'Arménie se trouva ensuite prise entre Rome et
les Parthes; elle se redivise sous Antoine, la maison
arménienne d'Artaxias disparaît en 10 après Jésus-
Chirst (190-10 après).

L'Arménie est ensuite gouvernée pendant 177 ans
par des rois imposés par Rome ou par les Parthes.
Les seigneurs sont divisés entre ces deux influences ;
le peuple est indifférent.

En 197, un prince parthe, Valarse, fonde la dynastie
arménienne des Arsacides ou Pahlavides avec l'appui
de Septime Sévère.   Dans cette période la politique
romaine en Arménie balance entre le protectorat
(Auguste) et l'annexion (Trajan).

La réaction asiatique contre l'influence occidentale
de Rome et de la Grèce, amène la destruction de
l'empire parthe et la création de l'empire perse des
Sassanides, adorateurs du feu. L'Arménie est prise dans
la lutte des Sassanides contre Rome (227-652).   Elle
se convertit au christianisme en 305, sous le règne de
Tiridate III (287-330), avec, comme chef de la nouvelle
religion, Grégoire l'Illuminateur (Loussavoritch)
(305-325).   Grégoire a été se faire sacrer à Césarée.
A partir du patriarche Shahag (374-378), les
patriarches cesseront cette coutume.

En 384 l'empereur Théodose (379-395) conclut
avec Sapor III (383-389) un traité qui partage
l'Arménie : une province romaine, avec un comte, à
Byzance ; le reste appelé Persarménie, aux Perses. La
dynastie des Arsacides continue à régner sur la
Persarménie jusqu'en 428 ; cette partie de l'Arménie
est ensuite gouvernée par un Marzpan perse ; les
Mamigoniens sont prépondérants ; le peuple est

indifférent. Le clergé crée en Persarménie une organisation judiciaire.

Justinien organise l'Arménie IV en 528.

Durant les 20 années de guerre de Chosrau II (590-628), l'Arménie est complètement ravagée.

Elle se relevait à peine de ces désastres lorsque commença l'invasion des arabes musulmans (Sarrazins des Byzantins, de Cheraga). A partir de 639, l'Arménie se trouve de nouveau dévastée à fond. Les Arméniens, pris entre Byzance qui les persécute durement comme professant un rite différent de l'orthodoxie, et les musulmans, sont gouvernés par des vosticans ou amira arabes sous les Omméiades qui disparaissent en 752 pour faire place aux Abbassides, réaction de l'Orient contre l'Occident. Sous Haroun el Rachid (786-809), l'Arménie Byzantine jusque-là intacte, est entamée ; l'Arménie arabe traverse une période de réparation.

Profitant de la faiblesse des khalifes abassides, les Bagratides forment un royaume d'Arménie (885-1077), suprême effort de l'Arménie pour conserver son indépendance. Ils échouent à cause de la puissance de leurs voisins et du manque d'union des nobles à l'intérieur.

L'indépendance arménienne disparaît avec les turcs seldjoukides (1021-1072) et les Arméniens se dispersent de la Hollande à Java.

Une partie des émigrants crée le royaume d'Arménie Mineure (1072-1375) que les croisades viennent d'abord aider, mais qui, abandonné ensuite à ses propres forces, malgré l'appui fréquent des successeurs de Gengiskhan, finit par tomber sous les coups des sultans d'Egypte après que les Mongols se sont convertis à l'islamisme. Deux dynasties dirigent cette lutte : les Roubéniens (1092-1341) et les Lusignan (1341-1375).

L'Arménie se trouve ensuite le terrain de guerre entre Tamerlan et les Turcs (1402), puis entre les Turcs et les Perses. A la fin du XVIIIe siècle, la Russie s'empare d'une grande partie de l'Arménie. Mais malgré les promesses de Pierre le Grand, de Catherine, les Arméniens ne trouvent pas auprès d'elle la protection qu'ils espéraient : persécutions, les Cent Noirs à Bakou tout récemment.

Quant à la partie turque, malgré les promesses de l'article 61 du traité de Berlin, rien n'y avait été fait avant la guerre ; depuis, le massacre y a été organisé à l'allemande.

Il reste maintenant à reconstruire.

DJEDDAH, Juillet-Septembre 1917.

TABLEAU No. 1

Rois de l'Ourartou

D'après ASLAN			D'après LE P. SANDALGIAN	
Shardour(is) *ou* Shetour				
Aramé	vers	850	Aram(is)	860
Loutibir(is)		—	Loutibir(is)	843
Shardour		833	Shardour I	835
Ishpouin(is)		828	Ishpouin	820
Menouas		720	Menouas I	800
Arghist(is)		765	Arghist I	780
Shardour		735	Shardour II	755
Rousas		720	Rousas I	730
Arghist		—	Arghist II	714
Menouas		—	Rousas II	685
Irémenas *ou* Erivenas		—	Iréménas	675
Rousas		645	Rousas III	670
Shardour		640	Shardour III	645
			Irghouas	620
			Menouas III	600

TABLEAU No. 2

Rois de Chaldée et d'Assyrie

A: — Rois de Chaldée (Babylone)

Nemrod. Sémiramis (*fabuleux*)	
Nabuchodonosor I	
Nabonassar	747-734 av. J.-C.
Assourbanipal	626
Nabopalassar	626-606 *(2ᵉ dynastie)*
Nabuchodonosor II le Grand	606-562
Evilmerodach *ou* Amilmardoud	562-560
Nabounahid (Balthazar)	560-538 *(tué par Cyrus)*

B: — Rois d'Assyrie

Assour (*Bible*) ou Ninus (*fabuleux*)	
Salmanassar I	1280-1265
Teglath-Phalasar I	XIIᵉ siècle
Salmanassar II	860-825
Sardanapale	836-817 *(chute)*
Salamanassar III	783-773
Teglath-Phalasar II	745-727
Salamanassar IV	727-722
Sargon *ou* Shartoukin	722-705 *(Sargonides)*
Sennachérib	681-668
Assar Haddon	668-626
Assour-Banipal	626-608 *ou* 606
Assour Dilani	608 *ou* 606 *(chute de Ninive)*

TABLEAU No. 3

Les Rois Mèdes.

Le Rois Perses Akéménides.

Cyaxarès, fondateur de l'empire Mède, détruit Ninive en 606,

Astyage *ou* Istuvegu, détrôné en 549 par Cyrus.

Cyrus *ou* Kyros (Xor en Perse=soleil), VIe siècle,
règne 29 ans.

Cambyse, 529-522

Darius I *ou* Daryavous, fils d'Hystaspe, 522-485 (Marathon)

Xerxès I *ou* Khshayarsha, 485-465 (Salamine)

Artaxerxès I Longue Main, 465-425

Xerxès II 425, Assassiné.

Darius II Ochus *ou* Nothus, 424-406 Allié de Sparte
contre Athènes.

Artaxerxès II Mnémon, 408-359 (Canaxa, Xénophon)

Artaxerxès III Ochus, 361-338 Conquiert l'Égypte en 345

Darius III Codoman, 336-330 (Issus, Arbelles.) Assassiné
en 330.

TABLEAU No. 4

Les Séleucides

Partie Syrienne de l'Empire d'Alexandre (312-64)

Séleucus I Nicator	312-280
Antiochus I Soter	281-260
Anthiochus II Théos	260-247
Séleucus II Callinicus	247-225
Séleucus III Céraunus	225-222
Antiochus III Le Grand	222-186 (*Magnésie*, 190)
Séleucus IV Philopator	186-174
Antiochus IV Epiphane	174-164
Antiochus V Eupator	164-162
Démétrius I Soter	162-150
Alexandre Balas	151-147
Démétrius II Nicator	146-125
Alexandre Zabinas	126-122
Séleucus V Nicator	124-123
Séleucus VI Epiphane	95-93
Démétrius III Eucæros	94-88

Les Souverains de la Maison d'Artaxias

(190 — 10)

	D'après (ASLAN)
Artaxias I	190 ap. J.-C.
Artavasde I	160
Tigrane I	158
Artaxias II	133
Artavasde II	108
Tigrane II le Grand	95
Artavasde III	54 à 36 *ou* 34
Artaxias III	33-32
Tigrane III	20- 5
Tigrane IV et Erato	5
Artavasde IV	5- 2
Tigrane IV (2ᵉ *fois*)	2- 1
Arobarzane le Mède	1 (ap. J.-C.)
Artavasde V le Mède	?
Tigrane V	?
Erato, (2ᵉ *fois*) ;	10

TABLEAU No. 6

Les Rois Parthes (Arsaces ou Pahlavides).

D'après ASLAN.

La conquête d'Alexandre prolongée par les Séleucids avait imposé l'hellénisme à l'Asie; les Parthes, issus de la Bactriane, sont la réaction du sentiment asiatique.

Phraate ou Ferhad ·	182-174 av. J.-C.
Mithridate I	174-138 (Mihr-Dat=
	don du soleil)
Phraate II	138-127
Artaban II	127-114
Mithridate II le Grand	114- 86
Ménakirès	86- 76
Sanatrouc	67- 68
Phraate III	68- 58
Mithridate III	58- 54
Orodès I	54- 36 (Vainqueur de
	Crassus).
Phraate IV	36- 1 (ap. J.-C.)
Orodès II	1- 2
Vonone I	4- 14
Artaban III	14- 44
Vardane	44- 47
Cotarze	47- 50
Vonone II	50
Valarse I	50- 90
Pacore	90-104
Chosrau *ou* Khosroès	104-121
Valarse II	121-149
Valarse III	149-191
Artaban *ou* Valarse IV	191-207
Pacore	207-209
Valarse V	209-216
Artaban IV *ou* V	216-226 (Tué par Ardeschi
	le Sassanide)

TABLEAU No. 7

Liste approchée des premiers Rois d'Arménie
avant les Arsacides Arméniens (ASLAN)

Vonone	16	ap. J., C. (Fils de Phraate IV, roi des Parthes)
Zénon-Artaschès	18	(Fils de la reine Pitidoris, nièce d'Antoine)
Arsace	34	(Fils d'Artaban II, roi des Parthes)
Mithridate l'Ibère	35	(Candidat romain)
Domination Parthe	37	
Mithridate l'Ibère, 2e fois	34	
Rhadamiste l'Ibère	46	(Neveu du précédent)
Tiridate I *ou* Tirite	53-59	(Frère de Valarse I, roi des Parthes)
Tigrane IV	59-64	(De la dynastie Arménienne d'Artaxias: *domination romaine*)
Tiridate I (2e fois)	64	(Devenu le candidat de Néron)
Ashkatar *ou* Axidarès,	?	(Candidat de Vespasien)
Barthamassir *ou* Partho-massiris	109	(Neveu du roi des Parthes, Khosroès)
L'Arménie province romaine	114-117	(Trajan)
Barthamaspat	118	(Candidat romain de race parthe)
Akéménid	135	(« « « «)
Sohèmus *ou* Soyémus	159	(Candidat romain de race arabe)
Domination parthe	161-163	
Soyémus (2e fois)	163-166	
Sanatrouc	166-193	(Arabe candidat romain)
Valarse { fonde la dynastie des Pahlavides ou Arsacides Arméniens	193-197	(Frère d'Artaban IV, roi des Parthes)
Domination romaine insurreciton	197-216	
Tiridate II, son fils	216-253	
Artavasde	253-261	(Roi pour le compte de Sapor I)
Chosrau I, frère de Tiridate II	261- ?	(Candidat romain, assassiné par ordre de Sapor I).
Interrègne-Narseh battu par Galère en 297,	? -287	

TABLEAU No. 8

Les Sassanides

Nouvelle réaction de l'Asie et de la religion de Zoroastre contre le paganisme hellénique et le Christianisme naissant.

Artaschir *ou* Ardeschir I (Tue le dernier roi parthe Artaban V en 226.

Sapor *ou* Schapouh	242-272	
Hormizd I	272-276	
Bahram II	276-293	
Bahram III	293	
Narseh (Narsès)	293-303	
Hormizd II	303-310	
Sapor II le Grand	310-379	(mort de l'emp. Julien
Artaschir II	379-383	
Sapor III	383-389	
Bahram IV	389-399	
Yezdeguert I	399-420	
Bahram V	420-439	
Yezdeguert II	439-457	
Peros *ou* Firouz,	458-484	son fils
Valarse *ou* Balash (Vologeses)	484-488	frère du précédent
Cabades (Kavadh I)	488-496	fils de Firouz
Interrègne	—	
Kavadh I (2ᵉ *fois*)	502-531	
Chosroès I Anoschirvan	531-579	
Hormizd III	579-590	
Chosrau II Parviz	590-628	
Kavadh II Scheroé *ou* Siroès	628	
Artaschir III	—	
Dokht Zenan, Arzemidokht, Bourah	634	les 3 filles de Chosroès II
Yezdeguert III	634-652	fils de Schariar fils

Chosrau II. Détrôné et tué après la " Victoire des Victoires " à la " Ville de Noé " Nehavend (est de Kermanschah).

TABLEAU No. 9

Les rois Arsacides Chrétiens d'Arménie		Les Patriarches correspondants.	
Tiridate III	287-330	*Conversion*	305
Chosrau II le Petit	330-338	Grégoire l'Illuminateur	305-325
Diran *ou* Tirane III	338-349	Aristacès \ ses fils	325-332
		Vardanès /	332-339
Arsace *ou* Archag	350-367	Joussic, fils de Varda-	
Papa *ou* Bab	368-374	nès et gendre de Diran	339-347
Varazdat	374-378	Pharène	347-351
Occupation Perse	379	Narseh *ou* Narsès, le	
Arsace IV	379-386	dernier patriarche	
Valarse II	379-380	sacré a Césarée	352-373
Partage de l'Arménie \ *Rois de la Persarménie* /	384	Sahac, Zaven & Aspouragès	373-386
Chosrau III	384-387	Sahac, fils de Narsès	387-439
Vramshapouh (Bahram Sapor; alphabet inventé)	387-419		
Chosrau III (2e fois)	419-423		
Interrègne-Sapor			
Fils de Yezdeguert I	423		
Artaschir	423-428		
Fin de la dynastie			

TABLEAU No. 10

Les Patriarches Arméniens
sous la domination Perse et Byzantine

(D'après Mgr Ormenian)

Le Patriarcat devient le centre de la nation ; il administre
la justice et tient l'état civil.

Josèphe	444-452	Résidence à Valarsapat (Etchmiadzine)
Mélidé	452-456	Bataille d'Avaraïr, 454 ; martyrisé à Mouchapour .
Moïse I	456-461	
Koud *ou* Gut	461-478	
Jean I Mandacouni	478-490	(Fin de la persécution mage en 484 ou 485. Sous Jean I le siège patriarcal est transporté à Dovine, alors capitale de la Persarménie. Il y restera j'usqu'au X siècle.
Babghen I	490-516	
Samuel	516-526	
Mouche	526-534	
Sahac II	534-539	
Christophor	539-545	
Léonce	545-548	
Narsès II	548-557	
Jean II	557-574	Insurrection de 571 contre les mages; déporté à Ispahan.
Moïse II	574-607	
Abraham	607- ?	
Comidas	605-628	Fait reconstruire l'église ruinée d'Etchmiadzine.
Christophor II	628-630	Détrôné.
Ezr *ou* Esdras	630-641	Première invasion arabe, 639.
Narsès III Schinogh Le Constructeur	641-661	se réfugie au Daïk (Tchorokh) devant les Arabes
Anastase	661-667	

TABLEAU No. 10 — LES PATRIARCHES

Israël	667-677	
Sahac III	677-703	
Elie	703-717	
Jean le Philosophe	717-728	
David	728-741	
Tiridate I	741-764	
Tiridate II	764-767	
Sion Pavonetsi	767-775	
Esaïe	775-788	
Etienne	788-790	
Job	790-791	
Salomon	791-792	
Kévork I	792-795	
Josèphe II	795-806	
David II	806-833	
Jean IV	833-855	
Zacharie	855-878	
Kévork II	878-898	
MaschtotzBadmapan	898-899	
Jean V l'Historien (Patriarche errant)	899-828	
Etienne II	928	réside à Aghtamar (Lac de Van)
Anania	943-967	s'enfuit à Arkina (Chirag) auprès des Bagratides
Vahan	967-972	réside à Arkina
Etienne III élu en	969	Lutte avec le précédent ; est enfermé à Aghtamar et y meurt peu après.
Khatchig I	972-992	
Sarkis *ou* Serge I	992-1019	réside à Ani
Pierre I	1019-1034	va à Sébaste avec le roi Johannès, revient à Ani en 1025, retourne à Sébaste (1026-1029). Est déposé à Ani (1034.)

Téosgoros *ou* Dioscore	1035	est déposé après quelques mois.
Pierre I (2e fois)	1034-1053	va résider en 1047 à Arzen, sur le Tigre, près du confluent du Bitlis Sou. Est emprisonné à Constantinople de 1048 à 1053 et vient mourir à Sébaste.
Khatchig	1054-1064	réside à Ani, puis à Constantinople (1060-1063) et meurt en Cappadoce en 1064. Constantin XI Ducas ne se résigne que difficilement à élire le successeur qui est:
Grégoire II Vahram Magistros, duc de Mésopotamie, de la famille de Pahlavides.	1065-1071	réside à Dzamentane, à l'ouest de Mélitène, dans le Taurus. Il se retire en 1071 en consacrant vice-catholicos :
Georges de Lori	1071-1073	
Grégoire II reprend le pouvoir	1073-1105	
Sergius, Catholicos à Honi (Haut Pyramus) a pour successeur :		
Thoros Alakhosig	1077	Il y a plusieurs catholicos en même temps.
Boghos, Catholicos à Sébaste	6 mois	
Basile d'Ani	1105-1113	succède à Grégoire II et chasse Thoros ; réside avec Basile le Voleur à Schoughranabad, entre Sis et Marache.
Grégoire III, son cousin	1113-1166	lui succède à l'âge de 20 ans. Il réside à Romcla (Roum Kaleh).

Liste des Empereurs Romains
jusqu'à la Tétrarchie

Sylla et Marius	102-79	

Premier Triumvirat :

Jules César, Pompée, Crassus	60	*Pharsale* (48)

Deuxième Triumvirat :

Octave, Antoine, Lépide	43	*Actium* (31)
Auguste Empereur	27-14 après J.-C.	
Tibère	14-37	
Caligula	37-41	
Claude	41-54	
Néron	54-68	*fin de la famille d'Auguste*
Galba, Othon et Vitellius	68-69	

Les Flaviens :

Flavius Vespasien	69-79	*Jérusalem*
Titus	79-81	
Domitien	81-96	

TABLEAU No. 11 — EMPEREURS ROMAINS

Les Antonins :

Nerva	96-98
Trajan	98-117
Hadrien	117-138 *Rebâtit Jérusalem (Ealia Capitolina)*
Antonin	138-161
Marc-Aurèle	161-180
Commode	180-193

Les Syriens :

Septime Sévère	193-211
Antonin Caracalla	211-217
Macrin	217-218
Heliogabale	218-222
Alexandre Sévère	222-235
Anarchie militaire	235-268 { Decius 249-251 / Gallus 251-253
Claude II	268-270
Marcus Aurelius Quintilius	270
Aurélien	270-275
Probus	275-282
Carus	282-283
Marcus Aurelianus Carinus *son fils*	283-285

La Tétrarchie :

Dioclétien et Maximilien
Galère et Constance Chlore } 284

TABLEAU No. 12

Les Princes Bagratides

d'après ASLAN

Les Rois d'Ani :

Aschot I	885-889
Sempad *ou* Sembat I	889-915
Aschot II	915-928
Abas	928-952
Aschot III	952-977
Sempad II	977-990
Kakig *ou* Gaghik I	990-1020
Jean Sempad III	1020-1040
Gaghik II	1040-1045

Le Rois de Kars :

Mouchegh	961-984
Abas	984-1025
Gaghik	1025-1064

Les Patriarches :

Stéphanos II	931-932
Théodoros	932-938
Elisée	938-943
Anania	943-968
Vahan	968-969
Stéphanos III	969-972
Hatchik	972-992
Sarkis I	992-1019
Bédros le Thaumaturge	1019-1035

TABLEAU No. 13

Liste chronologique des Khalifes

Abou Bekre	632-634	
Omar	634-644	
Othman	644-656	*assassiné*
Ali	656-661	*assassiné*
Hassan } fils d'Ali	661	*empoissonné*
Hosséin }	679-680	*assassiné*
Mohaouiah	661-680	*fondateur des* Omméiades
Yazid	680-683	
Abdallah	680-690	
Mohaouiah II	683	(*6 semaines*)
Mérouane I	683-684	(*9 mois*)
Abdelmalek ben Mérouane	685-705	
Oualid I ben Abdelmalek	705-715	
Soliman ben Abdelmalek	715-717	
Omar II	717-720	
Yazid II ben Abdelmalek	720-724	
Hescham ben Abdelmalek	724-743	
Oualid II	743-744	*tué*
Yazid III	744	(*5 mois*)
Ibrahim	744	(*69 jours*)
Mérouane II	744-750	*dernier des Omméiades*
Abou el Abbas es-Saffah (*le Sanguinaire*)	750-754	*fondateur des* Abbassides *réside à Anbar*
Abou Giafar el Mansour (*son frère*)	754-775	*fonde Baghdad*

TABLEAU No. 18—LES KHALIFES

El Mahdi	775-785	
El-Hadi	785-786	
Haroun el Rachid	786-809	
Amin ben Haroun	809-813	*détrôné*
El Mamoun ben Haroun	813-833	*l'Auguste des Arabes*
El Môtassem ben Haroun	833-842	*forme sa garde avec des Turcs.*
Ouathek	842-847	
El Motaouakkel, *le Néron des Arabes,*	847-861	*assassiné par son fils d'accord avec les mamlouks turcs*
El Mostancer	861-862	*empoisonné par les mamelouks turcs*
Mostaïn	862-866	*détrôné*
Motaz	866-869	*détrôné par les Turcs*
Mohtadi	869-870	*massacré par les Turcs*
Moutamed	870-892	
Mothaded	892-902	
Moctafi	902-908	
Moctader	908-932	
Caher	932-934	*aveuglé*. Trois frères, fils de BOUIEH, pêcheur, se disant Sassanides, fondent un empire (933-940).
Râdhi	934-940	*crée l'Emir elOmra Turc.*
Mottaki	940-944	*assassiné*

TABLEAU No. 13 — LES KHALIFES

Mostacfi	944-945	Les BOUIDES, *entrent à Bagdad en 945*	
Mothih	945-974	Moez el-Daoulah, *Emir el-Omrah en 945.*	
Taï	973-991	Les FATIMIDES (Chiites) *fondent Le Caire en 972.*	
Kader	991-1031	Moez Leddinillah	953-975
Kaim Biamrillah	1031	Aziz Billah	975-996
Togrul Beg	1055-1074	Hakem *fonde la religion Druse. Chassé du Caire* 996-1021	
Mocladi	1075-1094	Zaher	1021-1036
Mostadher	1094-1118	Moustancer Billah	1036-1094
Mostarched *(tué)*	1118-1135	Moustâli	1094-1101
Rasched	1135-1136	Amer	1101-1130
Mostacfi II	1136-1160	Haphez	1130-1149
Mostanged	1160-1170	Zafer	1149-1154
Mosthadi	1170-1179	Faïz Billah	1154-1160
Naser Leddinillah	1180-1225	Adhed Leddinillah *déposé,* 1160-1171 *le dernier des Fatimides*	
Les Mongols			
Daher	1225-1226		
Mostancer	1226-1243		
repousse les Mongols (Octaï)			
Mostassem	1243-1258		
tué en 1258 (Houlagon)			

TABLEAU No. 14

Les Souverains de l'Arménie Mineure
(1080-1375)

Les Rois		Les Patriarches	
Roubène I	1080-1095	Basile Anetsi *réside avec*	
Constantin I	1095-1100	*Basile le Voleur*	1105-1113
Thoros I	1100-1123	Grégoire III (*à Hromgla*)	1113-1166
Léon I	1123-1138	Narsès IV Glaietsi	1166-1173
INTERRÈGNE	1138-1144	Grégoire IV Degha *l'enfant*	1173-1193
Thoros II	1144-1168	Grégoire V *déposé par*	
Meleh	1169-1174	*Léon II*	1193-1194
Roubène II	1174-1185	Grégoire VI Abirad *le Mé-*	
Léon II (*roi de tous les*		*chant, dernier Catholicos*	
Arméniens)	1185-1219	*des Pahlavides*	1195-1202
Zabel *ou* Isabelle	1219-1226	Jean VII *le Magnifique,*	
Héthoum I	1224-1269	*déposé par Léon II*	1202-1207
Léon III	1269-1289	David *réside à Sis*	1207-1209
Héthoum II	1289-1293	Jean VII (*2e fois*)	1209-1210
Thoros III	1293-1295	David	1203-1220
Hétoum (*2e fois*)	1295-1296	Constantin I	1220-1267
Sempad	1296-1298	Jacques I Kidnagan	1268-1287
Constantin II	1298-1300	Constantin II Bronakordz	
Hétoum (*3e fois*)	1300-1305	*déposé*	1287-1288
Léon IV	1305-1308	Etienne IV Hromglayetsi	1290-1294
Oschine I	1308-1320	Grégoire VII d'Anazarbe	
Léon V	1320-1342	*abandonne Roum-*	1294-1307
Le pouvoir passe		*Kaleh et réside à Sis*	
aux LUSIGNAN		Constantin II *2e fois*	1307-1323
Constantin III	1342-1343	Constantin III de Lampron	1323-1327
Guiton	1343-1345	Jacques de Tarse	1327-1341
Constantin IV	1345-1362	Mekhitar (le Consolateur)	1341-1355
INTERRÈGNE	1362-1365	de Kerna	
Léon VI	1365-1375	Jacques II (*2e fois*)	1355-1359
meurt à Paris en 1393		Mesrob	1359-1372
		Constantin IV	1372-1374
		Paul I	1374-1378

TABLEAU No. 15

Liste chronologique des Empereurs d'Orient.

(Les 14 Empereurs Arméniens sont marqués de la lettre A)

La Tétrarchie { Dioclétien et Maximilien, *Augustes,*
284-306 { Constance Chlore et Galère, *Césars.*

Constantin I le Grand 306-337	Edit de Milan (313).
	La capitale de l'Empire d'Orient est transportée de Nicomédie à Byzance qui devient Constantinople.
Constantin II, *romain* 337-340	Constance II, (*Orient*) 337-360
Julien 361-363	
Valentinien I, *romain* 363-375	Valens, (*Orient*) 364-378
Gratien, *romain* 375-383	Valentinien II, (*romain*) 375-392
Théodose I le Grand 379-395	
Honorius (*Occident*) 395-423	Arcadius (*Orient*) 395-408

Division définitive de l'Empire Romain

L'Empire d'Occident dure de 395 à 476 et celui d'Orient de 395 à 1453.

Théodose II le Jeune	408-450	
Marcien	450-557	
Léon I le Grand	457-474	
Léon II	474	
Basilisque	476	
Zénon l'Isaurien	474-491	
Anastase I	491-518	le Silentiaire (Secrétaire)
Justin I	518-527	
Justinien I	527-565	époux de Théodora (527-548)
Justin II	565-578	
Tibère	578-582	

TABLEAU No. 15 — EMPEREURS d'ORIENT

Maurice (*A*)	582-602	
Phocas	602-610	
Héraclius I	610-641	
Constantin III	641	
Héraclius II	641	
Constant II	641-668	
Méjège *ou* Misases (*A*)	667	
Constantin IV Pogonat	668-685	
Justinien II	688-695	
Léonce	695-705	
Justinien II (2ᵉ *fois*)	705-711	
Vartan Philippik (*A*)	711-713	
Anastase II	713-715	
Théodose III	715-717	
Léon III l'Isaurien	717-741	
Artavazd (*A*)	741-743	
Constantin V Copronyme	741-775	
Léon IV le Khazar	775-780	
Irène	780-790	
Constantin VI, *fils d'Irène*	790-792	
Irène (2ᵉ fois)	792-802	
Nicéphore I *dit* le Logothète	802-811	
Michel I Rhangabe	811-813	
Léon V l'Arménien (*A*)	813-820	de la famille des Arzérounis, descendants des rois de l'Ourartou
Michel II le Bègue	820-829	
Théophile	829-842	
Michel III l'Ivrogne	842-866	
Basile I Arsacide (*A*)	867-886	
Léon VI le Philosophe (*A*)	886-912	
Alexandre, *son fils* (*A*)	.—	
Constantin VII *Porphyrogénète*	913-959	fils de Léon VI (A)

TABLEAU No. 15 - EMPEREURS d'ORIENT

Constantin VIII	924-946,	pendant la captivité du précédent, associé avec Romain Lécapène (A) dont le père était gouverneur de l'Arménie.
Romain II (*A*)	459-963	
Nicéphore II Phocas	963-969	
Jean I Zimisès (*A*)	969-795	
Basile II, (*A*)	975-1025	qui a converti Vladimir I, Grand Duc de Russie et soumis les Bulgares de 957 a 1025
Constantin IX (*A*)	1025-1028	
Romain III Argyre	1029	
Michel IV le Paphlagonien	1034-1041	
Michel V le Kalafate	1041-1042	
Constantin X Monomaque	1042-1054	
Michel VI le Stratiotique	1056-1057	
Isaac Comnène	1057-1059	
Constantin XI Ducas	1059-1067	
Constantin XII	1067	cloîtré en 1068
Romain IV Diogène	1069-1071	
Michel VII le Parapinace	1071-1078	
Nicéphore III Botoniate	1078-1081	
Alexis I Comnène	1081-1118	
Jean II Comnène	1118-1143	
Manuel I Comnène	1143-1180	
Alexis II Comnène	1180-1183	
Andronique I Comnène	1183-1185	a fait étrangler le précédent.
Isaac II l'Ange	1185-1195	a renversé le précédent.
Alexis III l'Ange	1195-1203	détrôné par les croisés.
Alexis IV	1203	intronisé par les croisés.

Isaac II (2ᵉ *fois*)	1203-1204	rétabli par les croisés.
Alexis V Ducas	1204	tué par les Croisés
Thoédore I Lascaris	1204-1222	fondateur de l'Empire de Nicée
Jean III Vatatsès	1222-1254	empereur de Nicée
Theodore II Lascaris	1254-1258	empereur de Nicée
Jean IV Lascaris	1258-1261	empereur de Nicée

L'Empire Latin
de Constantinople dure de 1204-1261

Michel VIII Paléologue	1259-1282	d'abord empereur de Trébizonde, puis prend Constantinople 1261
Andronic II Paléologue	1283-1325	déposé par le suivant
Andronic III le Jeune	1325-1328	Petit-fils du précédent qu'il détrône
Jean V Paléologue	1341-1376	
Jean VI Cantacuzène	1341-1354	
Mathieu Cantacuzène	1354	
Andronic IV Paléologue	1377-1378	Detrône son père Jean VI
Jean V Paléologue (2ᵉ fois)	1379-1391	
Jean VII Paléologue	1390	empereur de Byzance
Manuel II Paléologue	1391-1425	
Jean VIII Paléologue	1425-1448	
Constantin XIII Paléologue Dragases	1448-1453	

TABLEAU No. 16

Ères employées

dans l'Histoire Arménienne et Asiatique

Ere de Rome — 754 avant l'ère usnelle; certains auteurs pré-
tendent que l'ère usuelle moderne devrait dater
de l'an 749 de Rome.

Ere Arménienne — Du 11 juillet 552. L'année arménienne
comprend 12 mois de trente jours et un mois
supplémentaire de 5 jours ; elle n'a donc que
365 jours. Tous les 1460 ans elle gagne un
an sur l'ère usuelle. Depuis 1320, l'année
arménienne $=$ année usuelle moins 550.

Ere Orientale *ou* d'Akbar — Roi Mongol, de 1556

Ere Musulmane — 1336 depuis le 17 octobre 1917.

Ere Chaldéenne de Nabonassar — 747 avant l'ère usuelle.

Ere Juive — 5677 a commencé le 28 septembre 1917.

Ere de Yezdeguert III — Du 16 juin 632.

TABLEAU N₀. 17

Calendrier Arménien

ÈRE DE MOISE   MOISE, II Patriarche (547 — 604)

Mois de l'année :

Navassarte *ou* Navaçarte	Méhégan *ou* Méhécan
Hori	Arek *ou* Areg
Sahmi	Ahégan *ou* Ahécan
Dré *ou* Tré	Maréri
Kaghotz *ou* Chaotz	Markatz
Aratz	Hroditz *ou* Hrotitz

Avéliatz, *ou* Epagomène, est le treizième mois de cinq jours seulement.

Le commencement de l'ère arménienne est le 11 juillet 552. Pour trouver l'année arménienne, il faut retrancher 551 de l'année usuelle. L'année 769 des Arméniens a commencé le 1ᵉʳ janvier 1320. A partir de cette date il ne faut plus retrancher que 550. L'ère arménienne, n'ayant jamais que 365 jours, avance d'un an tous les 1460 ans sur l'ère usuelle. Les Grecs ont adopté l'ère usuelle en 692, les Arméniens au XVIIIᵉ siècle. Auparavant on employait l'ère romaine ou celles des règnes des Rois de Perse.

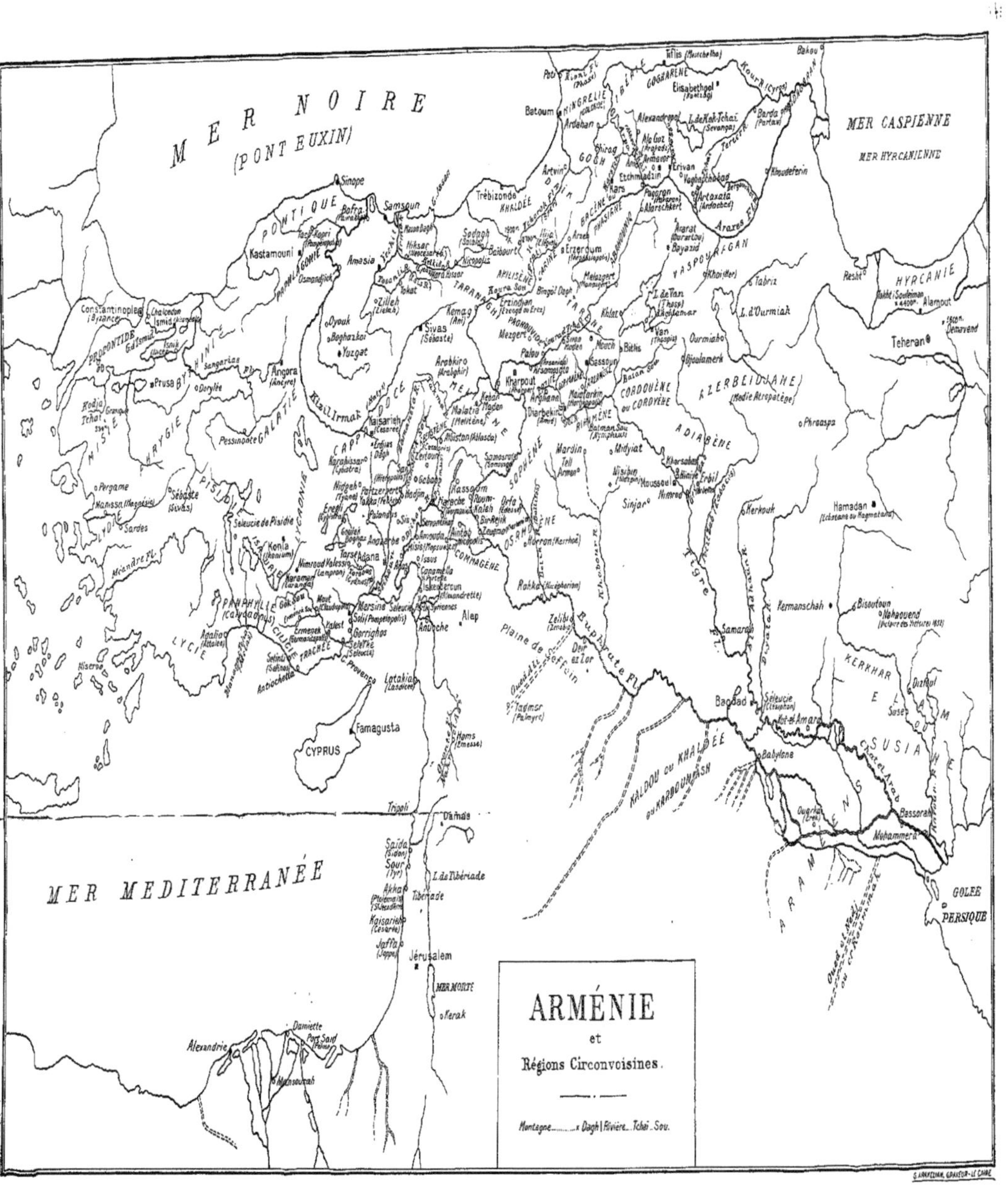

MER NOIRE
(PONT EUXIN)
MER CASPIENNE
MER HYRCANIENNE
MER MÉDITERRANÉE
ARMÉNIE
et
Régions Circonvoisines.
Montagne........x Dagh | Rivière...Tchaï..Sou.

TABLE DES MATIÈRES

9 782019 231620